全国普法学习读本

土地管理法律法规学习读本

土地综合管理法律法规

李 勇 主编

加大全民普法力度，建设社会主义法治文化，树立宪法法律至上、法律面前人人平等的法治理念。

——中国共产党第十九次全国代表大会《决胜全面建成小康社会 夺取新时代中国特色社会主义伟大胜利》

汕头大学出版社

图书在版编目（CIP）数据

土地综合管理法律法规 / 李勇主编. -- 汕头：汕头大学出版社（2021.7重印）

（土地管理法律法规学习读本）

ISBN 978-7-5658-3670-1

Ⅰ. ①土… Ⅱ. ①李… Ⅲ. ①土地管理法-基本知识-中国 Ⅳ. ①D922.304

中国版本图书馆 CIP 数据核字（2018）第 143084 号

土地综合管理法律法规　　TUDI ZONGHE GUANLI FALÜ FAGUI

主　　编：	李　勇
责任编辑：	邹　峰
责任技编：	黄东生
封面设计：	大华文苑
出版发行：	汕头大学出版社
	广东省汕头市大学路 243 号汕头大学校园内　邮政编码：515063
电　　话：	0754-82904613
印　　刷：	三河市南阳印刷有限公司
开　　本：	690mm×960mm 1/16
印　　张：	18
字　　数：	226 千字
版　　次：	2018 年 7 月第 1 版
印　　次：	2021 年 7 月第 2 次印刷
定　　价：	59.60 元（全 2 册）

ISBN 978-7-5658-3670-1

版权所有，翻版必究

如发现印装质量问题，请与承印厂联系退换

前　言

习近平总书记指出："推进全民守法，必须着力增强全民法治观念。要坚持把全民普法和守法作为依法治国的长期基础性工作，采取有力措施加强法制宣传教育。要坚持法治教育从娃娃抓起，把法治教育纳入国民教育体系和精神文明创建内容，由易到难、循序渐进不断增强青少年的规则意识。要健全公民和组织守法信用记录，完善守法诚信褒奖机制和违法失信行为惩戒机制，形成守法光荣、违法可耻的社会氛围，使遵法守法成为全体人民共同追求和自觉行动。"

中共中央、国务院曾经转发了中央宣传部、司法部关于在公民中开展法治宣传教育的规划，并发出通知，要求各地区各部门结合实际认真贯彻执行。通知指出，全民普法和守法是依法治国的长期基础性工作。深入开展法治宣传教育，是全面建成小康社会和新农村的重要保障。

普法规划指出：各地区各部门要根据实际需要，从不同群体的特点出发，因地制宜开展有特色的法治宣传教育坚持集中法治宣传教育与经常性法治宣传教育相结合，深化法律进机关、进乡村、进社区、进学校、进企业、进单位的"法律六进"主题活动，完善工作标准，建立长效机制。

特别是农业、农村和农民问题，始终是关系党和人民事业发展的全局性和根本性问题。党中央、国务院发布的《关于推进社会主义新农村建设的若干意见》中明确提出要"加强农村法制建设，深入开展农村普法教育，增强农民的法制观念，提高农民依法行使权利和履行义务的自觉性。"多年普法实践证明，普及法律知识，提高法制观念，增强全社会依法办事意识具有重要作用。特别是在广大农村进行普法教育，是提高全民法律素质的需要。

多年来，我国在农村实行的改革开放取得了极大成功，农村发生了翻天覆地的变化，广大农民生活水平大大得到了提高。但是，由于历史和社会等原因，现阶段我国一些地区农民文化素质还不高，不学法、不懂法、不守法现象虽然较原来有所改变，但仍有相当一部分群众的法制观念仍很淡化，不懂、不愿借助法律来保护自身权益，这就极易受到不法的侵害，或极易进行违法犯罪活动，严重阻碍了全面建成小康社会和新农村步伐。

为此，根据党和政府的指示精神以及普法规划，特别是根据广大农村农民的现状，在有关部门和专家的指导下，特别编辑了这套《全国普法学习读本》。主要包括了广大人民群众应知应懂、实际实用的法律法规。为了辅导学习，附录还收入了相应法律法规的条例准则、实施细则、解读解答、案例分析等；同时为了突出法律法规的实际实用特点，兼顾地方性和特殊性，附录还收入了部分某些地方性法律法规以及非法律法规的政策文件、管理制度、应用表格等内容，拓展了本书的知识范围，使法律法规更"接地气"，便于读者学习掌握和实际应用。

在众多法律法规中，我们通过甄别，淘汰了废止的，精选了最新的、权威的和全面的。但有部分法律法规有些条款不适应当下情况了，却没有颁布新的，我们又不能擅自改动，只得保留原有条款，但附录却有相应的补充修改意见或通知等。众多法律法规根据不同内容和受众特点，经过归类组合，优化配套。整套普法读本非常全面系统，具有很强的学习性、实用性和指导性，非常适合用于广大农村和城乡普法学习教育与实践指导。总之，是全国全民普法的良好读本。

目　　录

中华人民共和国土地管理法

第一章　总　则 ……………………………………（2）
第二章　土地的所有权和使用权 …………………（3）
第三章　土地利用总体规划 ………………………（6）
第四章　耕地保护 …………………………………（9）
第五章　建设用地 …………………………………（13）
第六章　监督检查 …………………………………（20）
第七章　法律责任 …………………………………（22）
第八章　附　则 ……………………………………（25）

中华人民共和国土地管理法实施条例

第一章　总　则 ……………………………………（27）
第二章　土地的所有权和使用权 …………………（27）
第三章　土地利用总体规划 ………………………（29）
第四章　耕地保护 …………………………………（32）
第五章　建设用地 …………………………………（33）
第六章　监督检查 …………………………………（39）
第七章　法律责任 …………………………………（40）
第八章　附　则 ……………………………………（41）
附　录
　　土地登记资料公开查询办法 …………………（42）

— 1 —

确定土地所有权和使用权的若干规定 …………… (47)
土地权属争议调查处理办法 …………………… (61)
林木林地权属争议处理办法 …………………… (69)
城乡建设用地增减挂钩试点管理办法 …………… (75)
国土资源部关于进一步加快宅基地和集体建设用地
　确权登记发证有关问题的通知 ………………… (82)
国土资源部　财政部　农业部关于加快推进农垦国有
　土地使用权确权登记发证工作的通知 ………… (88)

土地储备管理办法

土地储备管理办法 ………………………………… (94)
土地储备资金财务管理办法 ……………………… (103)
关于规范土地储备和资金管理等相关问题的通知 …… (110)

土地调查条例

第一章　总　则 …………………………………… (117)
第二章　土地调查的内容和方法 ………………… (118)
第三章　土地调查的组织实施 …………………… (119)
第四章　调查成果处理和质量控制 ……………… (121)
第五章　调查成果公布和应用 …………………… (122)
第六章　表彰和处罚 ……………………………… (123)
第七章　附　则 …………………………………… (125)
附　录
　土地调查条例实施办法 ………………………… (126)
　国务院关于开展第三次全国土地调查的通知 ……… (135)

中华人民共和国土地管理法

中华人民共和国主席令

第二十八号

《全国人民代表大会常务委员会关于修改〈中华人民共和国土地管理法〉的决定》已由中华人民共和国第十届全国人民代表大会常务委员会第十一次会议于2004年8月28日通过，现予公布，自公布之日起施行。

中华人民共和国主席　胡锦涛
2004年8月28日

（1986年6月25日第六届全国人民代表大会常务委员会第十六次会议通过；根据1988年12月29日第七届全国人民代表大会常务委员会第五次会议《关于

修改〈中华人民共和国土地管理法〉的决定》第一次修正；根据1998年8月29日第九届全国人民代表大会常务委员会第四次会议修订；根据2004年8月28日第十届全国人民代表大会常务委员会第十一次会议《关于修改〈中华人民共和国土地管理法〉的决定》第二次修正)

第一章 总 则

第一条 为了加强土地管理，维护土地的社会主义公有制，保护、开发土地资源，合理利用土地，切实保护耕地，促进社会经济的可持续发展，根据宪法，制定本法。

第二条 中华人民共和国实行土地的社会主义公有制，即全民所有制和劳动群众集体所有制。

全民所有，即国家所有土地的所有权由国务院代表国家行使。

任何单位和个人不得侵占、买卖或者以其他形式非法转让土地。土地使用权可以依法转让。

国家为了公共利益的需要，可以依法对土地实行征收或者征用并给予补偿。

国家依法实行国有土地有偿使用制度。但是，国家在法律规定的范围内划拨国有土地使用权的除外。

第三条 十分珍惜、合理利用土地和切实保护耕地是我国的基本国策。各级人民政府应当采取措施，全面规划，严格管理，保护、开发土地资源，制止非法占用土地的行为。

第四条 国家实行土地用途管制制度。

国家编制土地利用总体规划，规定土地用途，将土地分为农用地、建设用地和未利用地。严格限制农用地转为建设用地，控制建设用地总量，对耕地实行特殊保护。

前款所称农用地是指直接用于农业生产的土地，包括耕地、林地、草地、农田水利用地、养殖水面等；建设用地是指建造建筑物、构筑物的土地，包括城乡住宅和公共设施用地、工矿用地、交通水利设施用地、旅游用地、军事设施用地等；未利用地是指农用地和建设用地以外的土地。

使用土地的单位和个人必须严格按照土地利用总体规划确定的用途使用土地。

第五条 国务院土地行政主管部门统一负责全国土地的管理和监督工作。

县级以上地方人民政府土地行政主管部门的设置及其职责，由省、自治区、直辖市人民政府根据国务院有关规定确定。

第六条 任何单位和个人都有遵守土地管理法律、法规的义务，并有权对违反土地管理法律、法规的行为提出检举和控告。

第七条 在保护和开发土地资源、合理利用土地以及进行有关的科学研究等方面成绩显著的单位和个人，由人民政府给予奖励。

第二章　土地的所有权和使用权

第八条 城市市区的土地属于国家所有。

农村和城市郊区的土地，除由法律规定属于国家所有的以外，属于农民集体所有；宅基地和自留地、自留山，属于农民集体所有。

第九条 国有土地和农民集体所有的土地，可以依法确定给单位或者个人使用。使用土地的单位和个人，有保护、管理和合理利用土地的义务。

第十条 农民集体所有的土地依法属于村农民集体所有的，由村集体经济组织或者村民委员会经营、管理；已经分别属于村内两个以上农村集体经济组织的农民集体所有的，由村内各该农村集体经济组织或者村民小组经营、管理；已经属于乡（镇）农民集体所有的，由乡（镇）农村集体经济组织经营、管理。

第十一条 农民集体所有的土地，由县级人民政府登记造册，核发证书，确认所有权。

农民集体所有的土地依法用于非农业建设的，由县级人民政府登记造册，核发证书，确认建设用地使用权。

单位和个人依法使用的国有土地，由县级以上人民政府登记造册，核发证书，确认使用权；其中，中央国家机关使用的国有土地的具体登记发证机关，由国务院确定。

确认林地、草原的所有权或者使用权，确认水面、滩涂的养殖使用权，分别依照《中华人民共和国森林法》、《中华人民共和国草原法》和《中华人民共和国渔业法》的有关规定办理。

第十二条 依法改变土地权属和用途的，应当办理土地变更登记手续。

第十三条　依法登记的土地的所有权和使用权受法律保护，任何单位和个人不得侵犯。

第十四条　农民集体所有的土地由本集体经济组织的成员承包经营，从事种植业、林业、畜牧业、渔业生产。土地承包经营期限为三十年。发包方和承包方应当订立承包合同，约定双方的权利和义务。承包经营土地的农民有保护和按照承包合同约定的用途合理利用土地的义务。农民的土地承包经营权受法律保护。

在土地承包经营期限内，对个别承包经营者之间承包的土地进行适当调整的，必须经村民会议三分之二以上成员或者三分之二以上村民代表的同意，并报乡（镇）人民政府和县级人民政府农业行政主管部门批准。

第十五条　国有土地可以由单位或者个人承包经营，从事种植业、林业、畜牧业、渔业生产。农民集体所有的土地，可以由本集体经济组织以外的单位或者个人承包经营，从事种植业、林业、畜牧业、渔业生产。发包方和承包方应当订立承包合同，约定双方的权利和义务。土地承包经营的期限由承包合同约定。承包经营土地的单位和个人，有保护和按照承包合同约定的用途合理利用土地的义务。

农民集体所有的土地由本集体经济组织以外的单位或者个人承包经营的，必须经村民会议三分之二以上成员或者三分之二以上村民代表的同意，并报乡（镇）人民政府批准。

第十六条　土地所有权和使用权争议，由当事人协商解决；协商不成的，由人民政府处理。

单位之间的争议，由县级以上人民政府处理；个人之间、个人与单位之间的争议，由乡级人民政府或者县级以上人民政府处理。

当事人对有关人民政府的处理决定不服的，可以自接到处理决定通知之日起三十日内，向人民法院起诉。

在土地所有权和使用权争议解决前，任何一方不得改变土地利用现状。

第三章 土地利用总体规划

第十七条 各级人民政府应当依据国民经济和社会发展规划、国土整治和资源环境保护的要求、土地供给能力以及各项建设对土地的需求，组织编制土地利用总体规划。

土地利用总体规划的规划期限由国务院规定。

第十八条 下级土地利用总体规划应当依据上一级土地利用总体规划编制。

地方各级人民政府编制的土地利用总体规划中的建设用地总量不得超过上一级土地利用总体规划确定的控制指标，耕地保有量不得低于上一级土地利用总体规划确定的控制指标。

省、自治区、直辖市人民政府编制的土地利用总体规划，应当确保本行政区域内耕地总量不减少。

第十九条 土地利用总体规划按照下列原则编制：

（一）严格保护基本农田，控制非农业建设占用农用地；

（二）提高土地利用率；

（三）统筹安排各类、各区域用地；

（四）保护和改善生态环境，保障土地的可持续利用；

（五）占用耕地与开发复垦耕地相平衡。

第二十条 县级土地利用总体规划应当划分土地利用区，明确土地用途。

乡（镇）土地利用总体规划应当划分土地利用区，根据土地使用条件，确定每一块土地的用途，并予以公告。

第二十一条 土地利用总体规划实行分级审批。

省、自治区、直辖市的土地利用总体规划，报国务院批准。

省、自治区人民政府所在地的市、人口在一百万以上的城市以及国务院指定的城市的土地利用总体规划，经省、自治区人民政府审查同意后，报国务院批准。

本条第二款、第三款规定以外的土地利用总体规划，逐级上报省、自治区、直辖市人民政府批准；其中，乡（镇）土地利用总体规划可以由省级人民政府授权的设区的市、自治州人民政府批准。

土地利用总体规划一经批准，必须严格执行。

第二十二条 城市建设用地规模应当符合国家规定的标准，充分利用现有建设用地，不占或者尽量少占农用地。

城市总体规划、村庄和集镇规划，应当与土地利用总体规划相衔接，城市总体规划、村庄和集镇规划中建设用地规模不得超过土地利用总体规划确定的城市和村庄、集镇建设用地规模。

在城市规划区内、村庄和集镇规划区内，城市和村庄、集镇建设用地应当符合城市规划、村庄和集镇规划。

第二十三条　江河、湖泊综合治理和开发利用规划，应当与土地利用总体规划相衔接。在江河、湖泊、水库的管理和保护范围以及蓄洪滞洪区内，土地利用应当符合江河、湖泊综合治理和开发利用规划，符合河道、湖泊行洪、蓄洪和输水的要求。

第二十四条　各级人民政府应当加强土地利用计划管理，实行建设用地总量控制。

土地利用年度计划，根据国民经济和社会发展计划、国家产业政策、土地利用总体规划以及建设用地和土地利用的实际状况编制。土地利用年度计划的编制审批程序与土地利用总体规划的编制审批程序相同，一经审批下达，必须严格执行。

第二十五条　省、自治区、直辖市人民政府应当将土地利用年度计划的执行情况列为国民经济和社会发展计划执行情况的内容，向同级人民代表大会报告。

第二十六条　经批准的土地利用总体规划的修改，须经原批准机关批准；未经批准，不得改变土地利用总体规划确定的土地用途。

经国务院批准的大型能源、交通、水利等基础设施建设用地，需要改变土地利用总体规划的，根据国务院的批准文件修改土地利用总体规划。

经省、自治区、直辖市人民政府批准的能源、交通、水利等基础设施建设用地，需要改变土地利用总体规划的，属于省级人民政府土地利用总体规划批准权限内的，根据省级人民政府的批准文件修改土地利用总体规划。

第二十七条　国家建立土地调查制度。

县级以上人民政府土地行政主管部门会同同级有关部门进行土地调查。土地所有者或者使用者应当配合调查，并提供有关资料。

第二十八条　县级以上人民政府土地行政主管部门会同同级有关部门根据土地调查成果、规划土地用途和国家制定的统一标准，评定土地等级。

第二十九条　国家建立土地统计制度。

县级以上人民政府土地行政主管部门和同级统计部门共同制定统计调查方案，依法进行土地统计，定期发布土地统计资料。土地所有者或者使用者应当提供有关资料，不得虚报、瞒报、拒报、迟报。

土地行政主管部门和统计部门共同发布的土地面积统计资料是各级人民政府编制土地利用总体规划的依据。

第三十条　国家建立全国土地管理信息系统，对土地利用状况进行动态监测。

第四章　耕地保护

第三十一条　国家保护耕地，严格控制耕地转为非耕地。

国家实行占用耕地补偿制度。非农业建设经批准占用耕地的，按照"占多少，垦多少"的原则，由占用耕地的单位负责开垦与所占用耕地的数量和质量相当的耕地；没有条件开垦或者开垦的耕地不符合要求的，应当按照省、自治区、直辖市的规定缴纳耕地开垦费，专款用于开垦新的耕地。

省、自治区、直辖市人民政府应当制定开垦耕地计划，监督占用耕地的单位按照计划开垦耕地或者按照计划组织开垦耕地，并进行验收。

第三十二条 县级以上地方人民政府可以要求占用耕地的单位将所占用耕地耕作层的土壤用于新开垦耕地、劣质地或者其他耕地的土壤改良。

第三十三条 省、自治区、直辖市人民政府应当严格执行土地利用总体规划和土地利用年度计划，采取措施，确保本行政区域内耕地总量不减少；耕地总量减少的，由国务院责令在规定期限内组织开垦与所减少耕地的数量与质量相当的耕地，并由国务院土地行政主管部门会同农业行政主管部门验收。个别省、直辖市确因土地后备资源匮乏，新增建设用地后，新开垦耕地的数量不足以补偿所占用耕地的数量的，必须报经国务院批准减免本行政区域内开垦耕地的数量，进行易地开垦。

第三十四条 国家实行基本农田保护制度。下列耕地应当根据土地利用总体规划划入基本农田保护区，严格管理：

（一）经国务院有关主管部门或者县级以上地方人民政府批准确定的粮、棉、油生产基地内的耕地；

（二）有良好的水利与水土保持设施的耕地，正在实施改造计划以及可以改造的中、低产田；

（三）蔬菜生产基地；

（四）农业科研、教学试验田；

（五）国务院规定应当划入基本农田保护区的其他耕地。

各省、自治区、直辖市划定的基本农田应当占本行政区域内耕地的百分之八十以上。

基本农田保护区以乡（镇）为单位进行划区定界，由县级人民政府土地行政主管部门会同同级农业行政主管部门组织实施。

第三十五条　各级人民政府应当采取措施，维护排灌工程设施，改良土壤，提高地力，防止土地荒漠化、盐渍化、水土流失和污染土地。

第三十六条　非农业建设必须节约使用土地，可以利用荒地的，不得占用耕地；可以利用劣地的，不得占用好地。

禁止占用耕地建窑、建坟或者擅自在耕地上建房、挖砂、采石、采矿、取土等。

禁止占用基本农田发展林果业和挖塘养鱼。

第三十七条　禁止任何单位和个人闲置、荒芜耕地。已经办理审批手续的非农业建设占用耕地，一年内不用而又可以耕种并收获的，应当由原耕种该幅耕地的集体或者个人恢复耕种，也可以由用地单位组织耕种；一年以上未动工建设的，应当按照省、自治区、直辖市的规定缴纳闲置费；连续二年未使用的，经原批准机关批准，由县级以上人民政府无偿收回用地单位的土地使用权；该幅土地原为农民集体所有的，应当交由原农村集体经济组织恢复耕种。

在城市规划区范围内，以出让方式取得土地使用权进行房地产开发的闲置土地，依照《中华人民共和国城市房地产管理法》的有关规定办理。

承包经营耕地的单位或者个人连续二年弃耕抛荒的，原发包单位应当终止承包合同，收回发包的耕地。

第三十八条 国家鼓励单位和个人按照土地利用总体规划，在保护和改善生态环境、防止水土流失和土地荒漠化的前提下，开发未利用的土地；适宜开发为农用地的，应当优先开发成农用地。

国家依法保护开发者的合法权益。

第三十九条 开垦未利用的土地，必须经过科学论证和评估，在土地利用总体规划划定的可开垦的区域内，经依法批准后进行。禁止毁坏森林、草原开垦耕地，禁止围湖造田和侵占江河滩地。

根据土地利用总体规划，对破坏生态环境开垦、围垦的土地，有计划有步骤地退耕还林、还牧、还湖。

第四十条 开发未确定使用权的国有荒山、荒地、荒滩从事种植业、林业、畜牧业、渔业生产的，经县级以上人民政府依法批准，可以确定给开发单位或者个人长期使用。

第四十一条 国家鼓励土地整理。县、乡（镇）人民政府应当组织农村集体经济组织，按照土地利用总体规划，对田、水、路、林、村综合整治，提高耕地质量，增加有效耕地面积，改善农业生产条件和生态环境。

地方各级人民政府应当采取措施，改造中、低产田，整治闲散地和废弃地。

第四十二条 因挖损、塌陷、压占等造成土地破坏，用地单位和个人应当按照国家有关规定负责复垦；没有条件复垦或者复垦不符合要求的，应当缴纳土地复垦费，专项用于土地复垦。复垦的土地应当优先用于农业。

第五章 建设用地

第四十三条 任何单位和个人进行建设，需要使用土地的，必须依法申请使用国有土地；但是，兴办乡镇企业和村民建设住宅经依法批准使用本集体经济组织农民集体所有的土地的，或者乡（镇）村公共设施和公益事业建设经依法批准使用农民集体所有的土地的除外。

前款所称依法申请使用的国有土地包括国家所有的土地和国家征收的原属于农民集体所有的土地。

第四十四条 建设占用土地，涉及农用地转为建设用地的，应当办理农用地转用审批手续。

省、自治区、直辖市人民政府批准的道路、管线工程和大型基础设施建设项目、国务院批准的建设项目占用土地，涉及农用地转为建设用地的，由国务院批准。

在土地利用总体规划确定的城市和村庄、集镇建设用地规模范围内，为实施该规划而将农用地转为建设用地的，按土地利用年度计划分批次由原批准土地利用总体规划的机关批准。在已批准的农用地转用范围内，具体建设项目用地可以由市、县人民政府批准。

本条第二款、第三款规定以外的建设项目占用土地，涉及农用地转为建设用地的，由省、自治区、直辖市人民政府批准。

第四十五条　征收下列土地的，由国务院批准：

（一）基本农田；

（二）基本农田以外的耕地超过三十五公顷的；

（三）其他土地超过七十公顷的。

征收前款规定以外的土地的，由省、自治区、直辖市人民政府批准，并报国务院备案。

征收农用地的，应当依照本法第四十四条的规定先行办理农用地转用审批。其中，经国务院批准农用地转用的，同时办理征地审批手续，不再另行办理征地审批；经省、自治区、直辖市人民政府在征地批准权限内批准农用地转用的，同时办理征地审批手续，不再另行办理征地审批，超过征地批准权限的，应当依照本条第一款的规定另行办理征地审批。

第四十六条　国家征收土地的，依照法定程序批准后，由县级以上地方人民政府予以公告并组织实施。

被征收土地的所有权人、使用权人应当在公告规定期限内，持土地权属证书到当地人民政府土地行政主管部门办理征地补偿登记。

第四十七条 征收土地的,按照被征收土地的原用途给予补偿。

征收耕地的补偿费用包括土地补偿费、安置补助费以及地上附着物和青苗的补偿费。征收耕地的土地补偿费,为该耕地被征收前三年平均年产值的六至十倍。征收耕地的安置补助费,按照需要安置的农业人口数计算。需要安置的农业人口数,按照被征收的耕地数量除以征地前被征收单位平均每人占有耕地的数量计算。每一个需要安置的农业人口的安置补助费标准,为该耕地被征收前三年平均年产值的四至六倍。但是,每公顷被征收耕地的安置补助费,最高不得超过被征收前三年平均年产值的十五倍。

征收其他土地的土地补偿费和安置补助费标准,由省、自治区、直辖市参照征收耕地的土地补偿费和安置补助费的标准规定。

被征收土地上的附着物和青苗的补偿标准,由省、自治区、直辖市规定。

征收城市郊区的菜地,用地单位应当按照国家有关规定缴纳新菜地开发建设基金。

依照本条第二款的规定支付土地补偿费和安置补助费,尚不能使需要安置的农民保持原有生活水平的,经省、自治区、直辖市人民政府批准,可以增加安置补助费。但是,土地补偿费和安置补助费的总和不得超过土地被征收前三年平均年产值的三十倍。

国务院根据社会、经济发展水平,在特殊情况下,可以提高征收耕地的土地补偿费和安置补助费的标准。

第四十八条 征地补偿安置方案确定后，有关地方人民政府应当公告，并听取被征地的农村集体经济组织和农民的意见。

第四十九条 被征地的农村集体经济组织应当将征收土地的补偿费用的收支状况向本集体经济组织的成员公布，接受监督。

禁止侵占、挪用被征收土地单位的征地补偿费用和其他有关费用。

第五十条 地方各级人民政府应当支持被征地的农村集体经济组织和农民从事开发经营，兴办企业。

第五十一条 大中型水利、水电工程建设征收土地的补偿费标准和移民安置办法，由国务院另行规定。

第五十二条 建设项目可行性研究论证时，土地行政主管部门可以根据土地利用总体规划、土地利用年度计划和建设用地标准，对建设用地有关事项进行审查，并提出意见。

第五十三条 经批准的建设项目需要使用国有建设用地的，建设单位应当持法律、行政法规规定的有关文件，向有批准权的县级以上人民政府土地行政主管部门提出建设用地申请，经土地行政主管部门审查，报本级人民政府批准。

第五十四条 建设单位使用国有土地，应当以出让等有偿使用方式取得；但是，下列建设用地，经县级以上人民政府依法批准，可以以划拨方式取得：

（一）国家机关用地和军事用地；

（二）城市基础设施用地和公益事业用地；

（三）国家重点扶持的能源、交通、水利等基础设施用地；

（四）法律、行政法规规定的其他用地。

第五十五条 以出让等有偿使用方式取得国有土地使用权的建设单位，按照国务院规定的标准和办法，缴纳土地使用权出让金等土地有偿使用费和其他费用后，方可使用土地。

自本法施行之日起，新增建设用地的土地有偿使用费，百分之三十上缴中央财政，百分之七十留给有关地方人民政府，都专项用于耕地开发。

第五十六条 建设单位使用国有土地的，应当按照土地使用权出让等有偿使用合同的约定或者土地使用权划拨批准文件的规定使用土地；确需改变该幅土地建设用途的，应当经有关人民政府土地行政主管部门同意，报原批准用地的人民政府批准。其中，在城市规划区内改变土地用途的，在报批前，应当先经有关城市规划行政主管部门同意。

第五十七条 建设项目施工和地质勘查需要临时使用国有土地或者农民集体所有的土地的，由县级以上人民政府土地行政主管部门批准。其中，在城市规划区内的临时用地，在报批前，应当先经有关城市规划行政主管部门同意。土地使用者应当根据土地权属，与有关土地行政主管部门或者农村集体经济组织、村民委员会签订临时使用土地合同，并按照合同的约定支付临时使用土地补偿费。

临时使用土地的使用者应当按照临时使用土地合同约定的用途使用土地，并不得修建永久性建筑物。

临时使用土地期限一般不超过二年。

第五十八条 有下列情形之一的，由有关人民政府土地行政主管部门报经原批准用地的人民政府或者有批准权的人民政府批准，可以收回国有土地使用权：

（一）为公共利益需要使用土地的；

（二）为实施城市规划进行旧城区改建，需要调整使用土地的；

（三）土地出让等有偿使用合同约定的使用期限届满，土地使用者未申请续期或者申请续期未获批准的；

（四）因单位撤销、迁移等原因，停止使用原划拨的国有土地的；

（五）公路、铁路、机场、矿场等经核准报废的。

依照前款第（一）项、第（二）项的规定收回国有土地使用权的，对土地使用权人应当给予适当补偿。

第五十九条 乡镇企业、乡（镇）村公共设施、公益事业、农村村民住宅等乡（镇）村建设，应当按照村庄和集镇规划，合理布局，综合开发，配套建设；建设用地，应当符合乡（镇）土地利用总体规划和土地利用年度计划，并依照本法第四十四条、第六十条、第六十一条、第六十二条的规定办理审批手续。

第六十条 农村集体经济组织使用乡（镇）土地利用总体规划确定的建设用地兴办企业或者与其他单位、个人以土地使用权入股、联营等形式共同举办企业的，应当持有关批准文件，向县级以上地方人民政府土地行政主管部门提出申请，按照省、自治区、直辖市规定的批准权限，由县级以上地方人民政府批准；其中，涉及占用农用地的，依照本法第四十四条的规定办理审批手续。

按照前款规定兴办企业的建设用地，必须严格控制。省、自治区、直辖市可以按照乡镇企业的不同行业和经营规模，分别规定用地标准。

第六十一条 乡（镇）村公共设施、公益事业建设，需要使用土地的，经乡（镇）人民政府审核，向县级以上地方人民政府土地行政主管部门提出申请，按照省、自治区、直辖市规定的批准权限，由县级以上地方人民政府批准；其中，涉及占用农用地的，依照本法第四十四条的规定办理审批手续。

第六十二条 农村村民一户只能拥有一处宅基地，其宅基地的面积不得超过省、自治区、直辖市规定的标准。

农村村民建住宅，应当符合乡（镇）土地利用总体规划，并尽量使用原有的宅基地和村内空闲地。

农村村民住宅用地，经乡（镇）人民政府审核，由县级人民政府批准；其中，涉及占用农用地的，依照本法第四十四条的规定办理审批手续。

农村村民出卖、出租住房后，再申请宅基地的，不予批准。

第六十三条 农民集体所有的土地的使用权不得出让、转让或者出租用于非农业建设；但是，符合土地利用总体规划并依法取得建设用地的企业，因破产、兼并等情形致使土地使用权依法发生转移的除外。

第六十四条 在土地利用总体规划制定前已建的不符合土地利用总体规划确定的用途的建筑物、构筑物，不得重建、扩建。

第六十五条 有下列情形之一的，农村集体经济组织报经原批准用地的人民政府批准，可以收回土地使用权：

（一）为乡（镇）村公共设施和公益事业建设，需要使用土地的；

（二）不按照批准的用途使用土地的；

（三）因撤销、迁移等原因而停止使用土地的。

依照前款第（一）项规定收回农民集体所有的土地的，对土地使用权人应当给予适当补偿。

第六章 监督检查

第六十六条 县级以上人民政府土地行政主管部门对违反土地管理法律、法规的行为进行监督检查。

土地管理监督检查人员应当熟悉土地管理法律、法规，忠于职守、秉公执法。

第六十七条 县级以上人民政府土地行政主管部门履行监督检查职责时，有权采取下列措施：

（一）要求被检查的单位或者个人提供有关土地权利的文件和资料，进行查阅或者予以复制；

（二）要求被检查的单位或者个人就有关土地权利的问题

作出说明；

（三）进入被检查单位或者个人非法占用的土地现场进行勘测；

（四）责令非法占用土地的单位或者个人停止违反土地管理法律、法规的行为。

第六十八条　土地管理监督检查人员履行职责，需要进入现场进行勘测、要求有关单位或者个人提供文件、资料和作出说明的，应当出示土地管理监督检查证件。

第六十九条　有关单位和个人对县级以上人民政府土地行政主管部门就土地违法行为进行的监督检查应当支持与配合，并提供工作方便，不得拒绝与阻碍土地管理监督检查人员依法执行职务。

第七十条　县级以上人民政府土地行政主管部门在监督检查工作中发现国家工作人员的违法行为，依法应当给予行政处分的，应当依法予以处理；自己无权处理的，应当向同级或者上级人民政府的行政监察机关提出行政处分建议书，有关行政监察机关应当依法予以处理。

第七十一条　县级以上人民政府土地行政主管部门在监督检查工作中发现土地违法行为构成犯罪的，应当将案件移送有关机关，依法追究刑事责任；尚不构成犯罪的，应当依法给予行政处罚。

第七十二条　依照本法规定应当给予行政处罚，而有关土地行政主管部门不给予行政处罚的，上级人民政府土地行政主管部门有权责令有关土地行政主管部门作出行政处罚决定或者直接给予行政处罚，并给予有关土地行政主管部门的负责人行政处分。

第七章　法律责任

第七十三条　买卖或者以其他形式非法转让土地的，由县级以上人民政府土地行政主管部门没收违法所得；对违反土地利用总体规划擅自将农用地改为建设用地的，限期拆除在非法转让的土地上新建的建筑物和其他设施，恢复土地原状，对符合土地利用总体规划的，没收在非法转让的土地上新建的建筑物和其他设施，可以并处罚款；对直接负责的主管人员和其他直接责任人员，依法给予行政处分；构成犯罪的，依法追究刑事责任。

第七十四条　违反本法规定，占用耕地建窑、建坟或者擅自在耕地上建房、挖砂、采石、采矿、取土等，破坏种植条件的，或者因开发土地造成土地荒漠化、盐渍化的，由县级以上人民政府土地行政主管部门责令限期改正或者治理，可以并处罚款；构成犯罪的，依法追究刑事责任。

第七十五条　违反本法规定，拒不履行土地复垦义务的，由县级以上人民政府土地行政主管部门责令限期改正；逾期不改正的，责令缴纳复垦费，专项用于土地复垦，可以处以罚款。

第七十六条　未经批准或者采取欺骗手段骗取批准，非法占用土地的，由县级以上人民政府土地行政主管部门责令退还非法占用的土地，对违反土地利用总体规划擅自将农用地改为建设用地的，限期拆除在非法占用的土地上新建的建筑物和其他设施，恢复土地原状，对符合土地利用总体规划的，没收在非法占用的土地上新建的建筑物和其他设施，可以并处罚款；对非法占用土地单位的直接负责的主管人员和其他直接责任人员，依法给予行政处分；构成犯罪的，依法追究刑事责任。

超过批准的数量占用土地，多占的土地以非法占用土地论处。

第七十七条 农村村民未经批准或者采取欺骗手段骗取批准，非法占用土地建住宅的，由县级以上人民政府土地行政主管部门责令退还非法占用的土地，限期拆除在非法占用的土地上新建的房屋。

超过省、自治区、直辖市规定的标准，多占的土地以非法占用土地论处。

第七十八条 无权批准征收、使用土地的单位或者个人非法批准占用土地的，超越批准权限非法批准占用土地的，不按照土地利用总体规划确定的用途批准用地的，或者违反法律规定的程序批准占用、征收土地的，其批准文件无效，对非法批准征收、使用土地的直接负责的主管人员和其他直接责任人员，依法给予行政处分；构成犯罪的，依法追究刑事责任。非法批准、使用的土地应当收回，有关当事人拒不归还的，以非法占用土地论处。

非法批准征收、使用土地，对当事人造成损失的，依法应当承担赔偿责任。

第七十九条 侵占、挪用被征收土地单位的征地补偿费用和其他有关费用，构成犯罪的，依法追究刑事责任；尚不构成犯罪的，依法给予行政处分。

第八十条 依法收回国有土地使用权当事人拒不交出土地的，临时使用土地期满拒不归还的，或者不按照批准的用途使用国有土地的，由县级以上人民政府土地行政主管部门责令交还土地，处以罚款。

第八十一条 擅自将农民集体所有的土地的使用权出让、转让或者出租用于非农业建设的，由县级以上人民政府土地行政主管部门责令限期改正，没收违法所得，并处罚款。

第八十二条 不依照本法规定办理土地变更登记的，由县级以上人民政府土地行政主管部门责令其限期办理。

第八十三条 依照本法规定，责令限期拆除在非法占用的土地上新建的建筑物和其他设施的，建设单位或者个人必须立即停止施工，自行拆除；对继续施工的，作出处罚决定的机关有权制止。建设单位或者个人对责令限期拆除的行政处罚决定不服的，可以在接到责令限期拆除决定之日起十五日内，向人民法院起诉；期满不起诉又不自行拆除的，由作出处罚决定的机关依法申请人民法院强制执行，费用由违法者承担。

第八十四条 土地行政主管部门的工作人员玩忽职守、滥用职权、徇私舞弊，构成犯罪的，依法追究刑事责任；尚不构成犯罪的，依法给予行政处分。

第八章　附　则

第八十五条　中外合资经营企业、中外合作经营企业、外资企业使用土地的,适用本法;法律另有规定的,从其规定。

第八十六条　本法自1999年1月1日起施行。

中华人民共和国土地管理法
实施条例

中华人民共和国国务院令

第 653 号

《国务院关于修改部分行政法规的决定》已经 2014 年 7 月 9 日国务院第 54 次常务会议通过,现予公布,自公布之日起施行。

总理 李克强

2014 年 07 月 29 日

(1998 年 12 月 27 日国务院令第 256 号发布;根据 2011 年 1 月 8 日国务院令第 588 号《国务院关于废止和修改部分行政法规的决定》第一次修订;根据 2014 年 07 月 29 日《国务院关于修改部分行政法规的决定》第二次修订)

第一章　总　则

第一条 根据《中华人民共和国土地管理法》（以下简称《土地管理法》），制定本条例。

第二章　土地的所有权和使用权

第二条 下列土地属于全民所有即国家所有：
（一）城市市区的土地；
（二）农村和城市郊区中已经依法没收、征收、征购为国有的土地；
（三）国家依法征收的土地；
（四）依法不属于集体所有的林地、草地、荒地、滩涂及其他土地；
（五）农村集体经济组织全部成员转为城镇居民的，原属于其成员集体所有的土地；
（六）因国家组织移民、自然灾害等原因，农民成建制地集体迁移后不再使用的原属于迁移农民集体所有的土地。

第三条 国家依法实行土地登记发证制度。依法登记的土地所有权和土地使用权受法律保护，任何单位和个人不得侵犯。

土地登记内容和土地权属证书式样由国务院土地行政主管

部门统一规定。

土地登记资料可以公开查询。

确认林地、草原的所有权或者使用权，确认水面、滩涂的养殖使用权，分别依照《森林法》、《草原法》和《渔业法》的有关规定办理。

第四条 农民集体所有的土地，由土地所有者向土地所在地的县级人民政府土地行政主管部门提出土地登记申请，由县级人民政府登记造册，核发集体土地所有权证书，确认所有权。

农民集体所有的土地依法用于非农业建设的，由土地使用者向土地所在地的县级人民政府土地行政主管部门提出土地登记申请，由县级人民政府登记造册，核发集体土地使用权证书，确认建设用地使用权。

设区的市人民政府可以对市辖区内农民集体所有的土地实行统一登记。

第五条 单位和个人依法使用的国有土地，由土地使用者向土地所在地的县级以上人民政府土地行政主管部门提出土地登记申请，由县级以上人民政府登记造册，核发国有土地使用权证书，确认使用权。其中，中央国家机关使用的国有土地的登记发证，由国务院土地行政主管部门负责，具体登记发证办法由国务院土地行政主管部门会同国务院机关事务管理局等有关部门制定。

未确定使用权的国有土地，由县级以上人民政府登记造册，负责保护管理。

第六条　依法改变土地所有权、使用权的，因依法转让地上建筑物、构筑物等附着物导致土地使用权转移的，必须向土地所在地的县级以上人民政府土地行政主管部门提出土地变更登记申请，由原土地登记机关依法进行土地所有权、使用权变更登记。土地所有权、使用权的变更，自变更登记之日起生效。

依法改变土地用途的，必须持批准文件，向土地所在地的县级以上人民政府土地行政主管部门提出土地变更登记申请，由原土地登记机关依法进行变更登记。

第七条　依照《土地管理法》的有关规定，收回用地单位的土地使用权的，由原土地登记机关注销土地登记。

土地使用权有偿使用合同约定的使用期限届满，土地使用者未申请续期或者虽申请续期未获批准的，由原土地登记机关注销土地登记。

第三章　土地利用总体规划

第八条　全国土地利用总体规划，由国务院土地行政主管部门会同国务院有关部门编制，报国务院批准。

省、自治区、直辖市的土地利用总体规划，由省、自治区、直辖市人民政府组织本级土地行政主管部门和其他有关部门编制，报国务院批准。

省、自治区人民政府所在地的市、人口在100万以上的城市以及国务院指定的城市的土地利用总体规划，由各该市人民政府组织本级土地行政主管部门和其他有关部门编制，经省、自治区人民政府审查同意后，报国务院批准。

本条第一款、第二款、第三款规定以外的土地利用总体规划，由有关人民政府组织本级土地行政主管部门和其他有关部门编制，逐级上报省、自治区、直辖市人民政府批准；其中，乡（镇）土地利用总体规划，由乡（镇）人民政府编制，逐级上报省、自治区、直辖市人民政府或者省、自治区、直辖市人民政府授权的设区的市、自治州人民政府批准。

第九条 土地利用总体规划的规划期限一般为15年。

第十条 依照《土地管理法》规定，土地利用总体规划应当将土地划分为农用地、建设用地和未利用地。

县级和乡（镇）土地利用总体规划应当根据需要，划定基本农田保护区、土地开垦区、建设用地区和禁止开垦区等；其中，乡（镇）土地利用总体规划还应当根据土地使用条件，确定每一块土地的用途。

土地分类和划定土地利用区的具体办法，由国务院土地行政主管部门会同国务院有关部门制定。

第十一条 乡（镇）土地利用总体规划经依法批准后，乡（镇）人民政府应当在本行政区域内予以公告。

公告应当包括下列内容：

（一）规划目标；

（二）规划期限；

（三）规划范围；

（四）地块用途；

（五）批准机关和批准日期。

第十二条 依照《土地管理法》第二十六条第二款、第三款规定修改土地利用总体规划的，由原编制机关根据国务院或者省、自治区、直辖市人民政府的批准文件修改。修改后的土地利用总体规划应当报原批准机关批准。

上一级土地利用总体规划修改后，涉及修改下一级土地利用总体规划的，由上一级人民政府通知下一级人民政府作出相应修改，并报原批准机关备案。

第十三条 各级人民政府应当加强土地利用年度计划管理，实行建设用地总量控制。土地利用年度计划一经批准下达，必须严格执行。

土地利用年度计划应当包括下列内容：

（一）农用地转用计划指标；

（二）耕地保有量计划指标；

（三）土地开发整理计划指标。

第十四条 县级以上人民政府土地行政主管部门应当会同同级有关部门进行土地调查。

土地调查应当包括下列内容：

（一）土地权属；

（二）土地利用现状；

（三）土地条件。

地方土地利用现状调查结果，经本级人民政府审核，报上一级人民政府批准后，应当向社会公布；全国土地利用现状调查结果，报国务院批准后，应当向社会公布。土地调查规程，由国务院土地行政主管部门会同国务院有关部门制定。

第十五条 国务院土地行政主管部门会同国务院有关部门制定土地等级评定标准。

县级以上人民政府土地行政主管部门应当会同同级有关部门根据土地等级评定标准,对土地等级进行评定。地方土地等级评定结果,经本级人民政府审核,报上一级人民政府土地行政主管部门批准后,应当向社会公布。

根据国民经济和社会发展状况,土地等级每6年调整1次。

第四章 耕地保护

第十六条 在土地利用总体规划确定的城市和村庄、集镇建设用地范围内,为实施城市规划和村庄、集镇规划占用耕地,以及在土地利用总体规划确定的城市建设用地范围外的能源、交通、水利、矿山、军事设施等建设项目占用耕地的,分别由市、县人民政府、农村集体经济组织和建设单位依照《土地管理法》第三十一条的规定负责开垦耕地;没有条件开垦或者开垦的耕地不符合要求的,应当按照省、自治区、直辖市的规定缴纳耕地开垦费。

第十七条 禁止单位和个人在土地利用总体规划确定的禁止开垦区内从事土地开发活动。

在土地利用总体规划确定的土地开垦区内,开发未确定土地使用权的国有荒山、荒地、荒滩从事种植业、林业、畜牧业、渔业生产的，应当向土地所在地的县级以上人民政府土地行政主管部门提出申请，报有批准权的人民政府批准。

一次性开发未确定土地使用权的国有荒山、荒地、荒滩600公顷以下的，按照省、自治区、直辖市规定的权限，由县级以上地方人民政府批准；开发600公顷以上的，报国务院批准。

开发未确定土地使用权的国有荒山、荒地、荒滩从事种植业、林业、畜牧业或者渔业生产的，经县级以上人民政府依法批准，可以确定给开发单位或者个人长期使用，使用期限最长不得超过50年。

第十八条 县、乡（镇）人民政府应当按照土地利用总体规划，组织农村集体经济组织制定土地整理方案，并组织实施。

地方各级人民政府应当采取措施，按照土地利用总体规划推进土地整理。土地整理新增耕地面积的百分之六十可以用作折抵建设占用耕地的补偿指标。

土地整理所需费用，按照谁受益谁负担的原则，由农村集体经济组织和土地使用者共同承担。

第五章　建设用地

第十九条 建设占用土地，涉及农用地转为建设用地的，应当符合土地利用总体规划和土地利用年度计划中确定的农用地转用指标；城市和村庄、集镇建设占用土地，涉及农用地转用的,还应当符合城市规划和村庄、集镇规划。不符合规定的,不得批准农用地转为建设用地。

第二十条 在土地利用总体规划确定的城市建设用地范围内,为实施城市规划占用土地的,按照下列规定办理:

(一)市、县人民政府按照土地利用年度计划拟订农用地转用方案、补充耕地方案、征收土地方案,分批次逐级上报有批准权的人民政府。

(二)有批准权的人民政府土地行政主管部门对农用地转用方案、补充耕地方案、征收土地方案进行审查,提出审查意见,报有批准权的人民政府批准;其中,补充耕地方案由批准农用地转用方案的人民政府在批准农用地转用方案时一并批准。

(三)农用地转用方案、补充耕地方案、征收土地方案经批准后,由市、县人民政府组织实施,按具体建设项目分别供地。

在土地利用总体规划确定的村庄、集镇建设用地范围内,为实施村庄、集镇规划占用土地的,由市、县人民政府拟订农用地转用方案、补充耕地方案,依照前款规定的程序办理。

第二十一条 具体建设项目需要使用土地的,建设单位应当根据建设项目的总体设计一次申请,办理建设用地审批手续;分期建设的项目,可以根据可行性研究报告确定的方案分期申请建设用地,分期办理建设用地有关审批手续。

第二十二条 具体建设项目需要占用土地利用总体规划确

定的城市建设用地范围内的国有建设用地的，按照下列规定办理：

（一）建设项目可行性研究论证时，由土地行政主管部门对建设项目用地有关事项进行审查，提出建设项目用地预审报告；可行性研究报告报批时，必须附具土地行政主管部门出具的建设项目用地预审报告。

（二）建设单位持建设项目的有关批准文件，向市、县人民政府土地行政主管部门提出建设用地申请，由市、县人民政府土地行政主管部门审查，拟订供地方案，报市、县人民政府批准；需要上级人民政府批准的，应当报上级人民政府批准。

（三）供地方案经批准后，由市、县人民政府向建设单位颁发建设用地批准书。有偿使用国有土地的，由市、县人民政府土地行政主管部门与土地使用者签订国有土地有偿使用合同；划拨使用国有土地的，由市、县人民政府土地行政主管部门向土地使用者核发国有土地划拨决定书。

（四）土地使用者应当依法申请土地登记。

通过招标、拍卖方式提供国有建设用地使用权的，由市、县人民政府土地行政主管部门会同有关部门拟订方案，报市、县人民政府批准后，由市、县人民政府土地行政主管部门组织实施，并与土地使用者签订土地有偿使用合同。土地使用者应当依法申请土地登记。

第二十三条 具体建设项目需要使用土地的，必须依法申请使用土地利用总体规划确定的城市建设用地范围内的国有建设用地。能源、交通、水利、矿山、军事设施等建设项目确需使用土地利用总体规划确定的城市建设用地范围外的土地，涉及农用地的，按照下列规定办理：

（一）建设项目可行性研究论证时，由土地行政主管部门对建设项目用地有关事项进行审查，提出建设项目用地预审报告；可行性研究报告报批时，必须附具土地行政主管部门出具的建设项目用地预审报告。

（二）建设单位持建设项目的有关批准文件，向市、县人民政府土地行政主管部门提出建设用地申请，由市、县人民政府土地行政主管部门审查，拟订农用地转用方案、补充耕地方案、征收土地方案和供地方案（涉及国有农用地的，不拟订征收土地方案），经市、县人民政府审核同意后，逐级上报有批准权的人民政府批准；其中，补充耕地方案由批准农用地转用方案的人民政府在批准农用地转用方案时一并批准；供地方案由批准征收土地的人民政府在批准征收土地方案时一并批准（涉及国有农用地的，供地方案由批准农用地转用的人民政府在批准农用地转用方案时一并批准）。

（三）农用地转用方案、补充耕地方案、征收土地方案和供地方案经批准后，由市、县人民政府组织实施，向建设单位颁发建设用地批准书。有偿使用国有土地的，由市、县人民政府土地行政主管部门与土地使用者签订国有土地有偿使用合同；划拨使用国有土地的，由市、县人民政府土地行政主管部门向土地使用者核发国有土地划拨决定书。

（四）土地使用者应当依法申请土地登记。

建设项目确需使用土地利用总体规划确定的城市建设用地

范围外的土地，涉及农民集体所有的未利用地的，只报批征收土地方案和供地方案。

第二十四条 具体建设项目需要占用土地利用总体规划确定的国有未利用地的，按照省、自治区、直辖市的规定办理；但是，国家重点建设项目、军事设施和跨省、自治区、直辖市行政区域的建设项目以及国务院规定的其他建设项目用地，应当报国务院批准。

第二十五条 征收土地方案经依法批准后，由被征收土地所在地的市、县人民政府组织实施，并将批准征地机关、批准文号、征收土地的用途、范围、面积以及征地补偿标准、农业人员安置办法和办理征地补偿的期限等，在被征收土地所在地的乡（镇）、村予以公告。

被征收土地的所有权人、使用权人应当在公告规定的期限内，持土地权属证书到公告指定的人民政府土地行政主管部门办理征地补偿登记。

市、县人民政府土地行政主管部门根据经批准的征收土地方案，会同有关部门拟订征地补偿、安置方案，在被征收土地所在地的乡（镇）、村予以公告，听取被征收土地的农村集体经济组织和农民的意见。征地补偿、安置方案报市、县人民政府批准后，由市、县人民政府土地行政主管部门组织实施。对补偿标准有争议的，由县级以上地方人民政府协调；协调不成的，由批准征收土地的人民政府裁决。征地补偿、安置争议不影响征收土地方案的实施。

征收土地的各项费用应当自征地补偿、安置方案批准之日起3个月内全额支付。

第二十六条 土地补偿费归农村集体经济组织所有；地上附着物及青苗补偿费归地上附着物及青苗的所有者所有。

征收土地的安置补助费必须专款专用，不得挪作他用。需要安置的人员由农村集体经济组织安置的，安置补助费支付给农村集体经济组织，由农村集体经济组织管理和使用；由其他单位安置的，安置补助费支付给安置单位；不需要统一安置的，安置补助费发放给被安置人员个人或者征得被安置人员同意后用于支付被安置人员的保险费用。

市、县和乡（镇）人民政府应当加强对安置补助费使用情况的监督。

第二十七条 抢险救灾等急需使用土地的，可以先行使用土地。其中，属于临时用地的，灾后应当恢复原状并交还原土地使用者使用，不再办理用地审批手续；属于永久性建设用地的，建设单位应当在灾情结束后6个月内申请补办建设用地审批手续。

第二十八条 建设项目施工和地质勘查需要临时占用耕地的，土地使用者应当自临时用地期满之日起1年内恢复种植条件。

第二十九条 国有土地有偿使用的方式包括：

（一）国有土地使用权出让；

（二）国有土地租赁；

（三）国有土地使用权作价出资或者入股。

第三十条 《土地管理法》第五十五条规定的新增建设用

地的土地有偿使用费，是指国家在新增建设用地中应取得的平均土地纯收益。

第六章　监督检查

第三十一条　土地管理监督检查人员应当经过培训，经考核合格后，方可从事土地管理监督检查工作。

第三十二条　土地行政主管部门履行监督检查职责，除采取《土地管理法》第六十七条规定的措施外，还可以采取下列措施：

（一）询问违法案件的当事人、嫌疑人和证人；

（二）进入被检查单位或者个人非法占用的土地现场进行拍照、摄像；

（三）责令当事人停止正在进行的土地违法行为；

（四）对涉嫌土地违法的单位或者个人，停止办理有关土地审批、登记手续；

（五）责令违法嫌疑人在调查期间不得变卖、转移与案件有关的财物。

第三十三条　依照《土地管理法》第七十二条规定给予行政处分的，由责令作出行政处罚决定或者直接给予行政处罚决定的上级人民政府土地行政主管部门作出。对于警告、记过、记大过的行政处分决定，上级土地行政主管部门可以直接作出；对于降级、撤职、开除的行政处分决定，上级土地行政主管部门应当按照国家有关人事管理权限和处理程序的规定，向有关机关提出行政处分建议，由有关机关依法处理。

第七章 法律责任

第三十四条 违反本条例第十七条的规定，在土地利用总体规划确定的禁止开垦区内进行开垦的，由县级以上人民政府土地行政主管部门责令限期改正；逾期不改正的，依照《土地管理法》第七十六条的规定处罚。

第三十五条 在临时使用的土地上修建永久性建筑物、构筑物的，由县级以上人民政府土地行政主管部门责令限期拆除；逾期不拆除的，由作出处罚决定的机关依法申请人民法院强制执行。

第三十六条 对在土地利用总体规划制定前已建的不符合土地利用总体规划确定的用途的建筑物、构筑物重建、扩建的，由县级以上人民政府土地行政主管部门责令限期拆除；逾期不拆除的，由作出处罚决定的机关依法申请人民法院强制执行。

第三十七条 阻碍土地行政主管部门的工作人员依法执行职务的，依法给予治安管理处罚或者追究刑事责任。

第三十八条 依照《土地管理法》第七十三条的规定处以罚款的，罚款额为非法所得的百分之五十以下。

第三十九条 依照《土地管理法》第八十一条的规定处以罚款的，罚款额为非法所得的百分之五以上百分之二十以下。

第四十条 依照《土地管理法》第七十四条的规定处以罚款的，罚款额为耕地开垦费的2倍以下。

第四十一条 依照《土地管理法》第七十五条的规定处以罚款的，罚款额为土地复垦费的2倍以下。

第四十二条 依照《土地管理法》第七十六条的规定处以罚款的，罚款额为非法占用土地每平方米30元以下。

第四十三条 依照《土地管理法》第八十条的规定处以罚款的，罚款额为非法占用土地每平方米10元以上30元以下。

第四十四条 违反本条例第二十八条的规定，逾期不恢复种植条件的，由县级以上人民政府土地行政主管部门责令限期改正，可以处耕地复垦费2倍以下的罚款。

第四十五条 违反土地管理法律、法规规定，阻挠国家建设征收土地的，由县级以上人民政府土地行政主管部门责令交出土地；拒不交出土地的，申请人民法院强制执行。

第八章 附 则

第四十六条 本条例自1999年1月1日起施行。1991年1月4日国务院发布的《中华人民共和国土地管理法实施条例》同时废止。

附 录

土地登记资料公开查询办法

中华人民共和国国土资源部令

第 14 号

《土地登记资料公开查询办法》,已经 2002 年 11 月 22 日国土资源部第 5 次部务会议通过,现予发布,自 2003 年 3 月 1 日起施行。

国土资源部部长
二〇〇二年十二月四日

第一条 为规范土地登记资料的公开查询活动,保证土地交易安全,保护土地权利人的合法权益,根据《中华人民共和国土地管理法实施条例》,制定本办法。

第二条 本办法所称土地登记资料,是指:

(一)土地登记结果,包括土地登记卡和宗地图;

国土资源部地籍司司长樊志全就《土地登记资料公开查询

办法》发布答记者问

国土资源部发布《土地登记资料公开查询办法》

（二）原始登记资料，包括土地权属来源文件、土地登记申请书、地籍调查表和地籍图。对前款第（一）项规定的土地登记结果，任何单位和个人都可以依照本办法的规定查询。

第三条 本办法第二条第一款第（二）项规定的原始登记资料，依照下列规定查询：

（一）土地权利人、取得土地权利人同意的单位和个人有权查询其土地权利范围内的原始登记资料；

（二）土地登记代理机构有权查询与其代理业务直接相关的原始登记资料；

（三）国家安全机关、公安机关、检察机关、审判机关和纪检监察部门有权查询与调查、处理案件有关的原始登记资料。

第四条 县级以上人民政府国土资源行政主管部门（以下简称查询机关）负责土地登记资料的公开查询工作。查询机关根据工作需要，可以委托有关单位具体承办土地登记资料的公开查询事务。

第五条 查询机关应当逐步建立土地登记资料信息系统。

第六条 单位和个人（以下简称查询人）查询土地登记资料，可以自己查询，也可以委托代理人或者土地登记代理机构查询。委托他人查询的，应当出具授权委托书。境外委托人的授权委托书应当按照有关规定经过公证或者认证。

第七条 查询人查询土地登记资料,应当向查询机关提供本人的身份证明,并填写查询申请表。查询人为法人或者其他组织的,还应当提交单位的证明文件。查询原始登记资料的,除提交前款规定的材料外,还应当按照下列规定提交有关证明文件:

(一)土地权利人应当提交其权利凭证;

(二)取得土地权利人同意的单位和个人应当提交土地权利人同意查询的证明文件、土地权利人的权利凭证和土地权利人的身份证明;

(三)国家安全机关、公安机关、检察机关、审判机关和纪检监察部门应当提交本单位出具的查询证明以及执行查询任务的工作人员的工作证件。

第八条 有下列情形之一的,查询机关可以不提供查询。但应当自收到查询申请之日起3日内将不提供查询的理由告知查询人:

(一)申请查询的土地不在登记区内的;

(二)查询人未能按照本办法第七条的规定提交合法的证明文件或者证明文件不齐全的;

(三)申请查询的内容超出本办法规定的查询范围的;

(四)法律、法规规定不提供查询的。

第九条 对符合本办法规定的查询申请,查询机关应当当场提供查询;因情况特殊,不能当场提供查询的,应当在5日内提供查询。

第十条 查询人查询土地登记资料,应当在查询机关设定的场所进行。任何单位和个人不得擅自将土地登记资料带离设定的场所。查询人在查询时应当保持土地登记资料的完好,不得对土地登记资料进行圈点、划线、注记、涂改或者拆页,也不得损坏查询设备。

第十一条 查询人可以阅读或者自行抄录土地登记资料。应查询人要求,查询机关可以摘录或者复制有关的土地登记资料。查询机关摘录或者复制的土地登记结果,查询人请求出具查询结果证明的,查询机关经审核后可以出具查询结果证明。查询结果证明应当加盖查询机关印章,并注明日期。查询结果证明复制无效。对无土地登记结果的,应查询人请求,查询机关可以出具无土地登记记录的书面证明。

第十二条 涉及国家秘密的土地登记资料的查询,按照保守国家秘密法的有关规定执行。

第十三条 查询土地登记资料所发生的费用由查询人承担。

第十四条 查询人违反本办法第十条规定,擅自将土地登记资料带离设定场所,对登记资料进行圈点、划线、注记、涂改、拆页,或者故意损坏查询设备的,查询机关应当及时制止,并责令其改正;拒不改正的,应当停止提供查询,不予出具查询结果证明;造成损失的,查询人应当依法承担赔偿责任。

第十五条 查询人非法使用查询结果,给当事人造成损失的，应当依法承担赔偿责任；构成犯罪的，依法追究刑事责任。

第十六条 查询机关的工作人员徇私舞弊、滥用职权、玩忽职守，构成犯罪的，依法追究刑事责任；尚不构成犯罪的，依法给予行政处分。

第十七条 本办法自2003年3月1日起施行。

确定土地所有权和使用权的若干规定

国家土地管理局关于印发
《确定土地所有权和使用权的若干规定》的通知
〔1995〕国土〔籍〕字第 26 号

各省、自治区、直辖市土地（国土）管理局（厅）：

国家土地管理局《关于确定土地权属问题的若干意见》(〔1989〕国土（籍）字第73号，以下简称《意见》)印发五年多来，对于贯彻《土地管理法》解决土地权属争议，促进土地登记工作起到了重要作用。随着土地使用制度改革的深化和发展，需要对《意见》以充实和完善。为此，我局在研究、总结了各地确权实践及各方面意见和建议的基础上，根据有关法律、法规和政策，将《意见》修订为《确定土地所有权和使用权的若干规定》。现印发给你们，请遵照执行，原《意见》同时废止。

一九九五年三月十一日

第一章 总 则

第一条 为了确定土地所有权和使用权，依法进行土地登记，根据有关的法律、法规和政策，制订本规定。

第二条　土地所有权和使用权由县级以上人民政府确定，土地管理部门具体承办。

土地权属争议，由土地管理部门提出处理意见，报人民政府下达处理决定或报人民政府批准后由土地管理部门下达处理决定。

第二章　国家土地所有权

第三条　城市市区范围内的土地属于国家所有。

第四条　依据一九五〇年《中华人民共和国土地改革法》及有关规定，凡当时没有将土地所有权分配给农民的土地属于国家所有；实施一九六二年《农村人民公社工作条例修正草案》（以下简称《六十条》）未划入农民集体范围内的土地属于国家所有。

第五条　国家建设征用的土地，属于国家所有。

第六条　开发利用国有土地，开发利用者依法享有土地使用权，土地所有权仍属国家。

第七条　国有铁路线路、车站、货场用地以及依法留用的其他铁路用地属于国家所有。土改时已分配给农民所有的原铁路用地和新建铁路两侧未经征用的农民集体所有土地属于农民集体所有。

第八条　县级以上（含县级）公路线路用地属于国家所有。公路两侧保护用地和公路其他用地凡未经征用的农民集体所有的土地仍属于农民集体所有。

第九条　国有电力、通讯设施用地属于国家所有。但国有电力通讯杆塔占用农民集体所有的土地，未办理征用手续的，土地仍属于农民集体所有，对电力通讯经营单位可确定为他项权利。

第十条 军队接收的敌伪地产及解放后经人民政府批准征用、划拨的军事用地属于国家所有。

第十一条 河道堤防内的土地和堤防外的护堤地，无堤防河道历史最高洪水位或者设计洪水位以下的土地，除土改时已将所有权分配给农民，国家未征用，且迄今仍归农民集体使用的外，属于国家所有。

第十二条 县级以上（含县级）水利部门直接管理的水库、渠道等水利工程用地属于国家所有。水利工程管理和保护范围内未经征用的农民集体土地仍属于农民集体所有。

第十三条 国家建设对农民集体全部进行移民安置并调剂土地后，迁移农民集体原有土地转为国家所有。但移民后原集体仍继续使用的集体所有土地，国家未进行征用的，其所有权不变。

第十四条 因国家建设征用土地，农民集体建制被撤销或其人口全部转为非农业人口，其未经征用的土地，归国家所有。继续使用原有土地的原农民集体及其成员享有国有土地使用权。

第十五条 全民所有制单位和城镇集体所有制单位兼并农民集体企业的，办理有关手续后，被兼并的原农民集体企业使用的集体所有土地转为国家所有。乡（镇）企业依照国家建设征用土地的审批程序和补偿标准使用的非本乡（镇）村农民集

— 49 —

体所有的土地，转为国家所有。

第十六条 一九六二年九月《六十条》公布以前，全民所有制单位，城市集体所有制单位和集体所有制的华侨农场使用的原农民集体所有的土地（含合作化之前的个人土地），迄今没有退给农民集体的，属于国家所有。

《六十条》公布时起至一九八二年五月《国家建设征用土地条例》公布时止，全民所有制单位、城市集体所有制单位使用的原农民集体所有的土地，有下列情形之一的，属于国家所有：

1、签订过土地转移等有关协议的；

2、经县级以上人民政府批准使用的；

3、进行过一定补偿或安置劳动力的；

4、接受农民集体馈赠的；

5、已购买原集体所有的建筑物的；

6、农民集体所有制企事业单位转为全民所有制或者城市集体所有制单位的。

一九八二年五月《国家建设征用土地条例》公布时起至一九八七年《土地管理法》开始施行时止，全民所有制单位、城市集体所有制单位违反规定使用的农民集体土地，依照有关规定进行了清查处理后仍由全民所有制单位、城市集体所有制单位使用的，确定为国家所有。

凡属上述情况以外未办理征地手续使用的农民集体土地，由县级以上地方人民政府根据具体情况，按当时规定补办征地手续，或退还农民集体。一九八七年《土地管理法》施行后违法占用的农民集体土地,必须依法处理后,再确定土地所有权。

第十七条 一九八六年三月中共中央、国务院《关于加强土地管理、制止乱占耕地的通知》发布之前,全民所有制单位、城市集体所有制单位租用农民集体所有的土地,按照有关规定处理后,能够恢复耕种的,退还农民集体耕种,所有权仍属于农民集体;已建成永久性建筑物的,由用地单位按租用时的规定,补办手续,土地归国家所有。凡已经按照有关规定处理了的,可按处理决定确定所有权和使用权。

第十八条 土地所有权有争议,不能依法证明争议土地属于农民集体所有的,属于国家所有。

第三章 集体土地所有权

第十九条 土地改革时分给农民并颁发了土地所有证的土地,属于农民集体所有;实施《六十条》时确定为集体所有的土地,属农民集体所有。依照第二章规定属于国家所有的除外。

第二十条 村农民集体所有的土地,按目前该村农民集体实际使用的本集体土地所有权界线确定所有权。

根据《六十条》确定的农民集体土地所有权,由于下列原因发生变更的,按变更后的现状确定集体土地所有权。

(一)由于村、队、社、场合并或分割等管理体制的变化引起土地所有权变更的;

（二）由于土地开发、国家征地、集体兴办企事业或者自然灾害等原因进行过土地调整的；

（三）由于农田基本建设和行政区划变动等原因重新划定土地所有权界线的。行政区划变动未涉及土地权属变更的，原土地权属不变。

第二十一条　农民集体连续使用其他农民集体所有的土地已满二十年的，应视为现使用者所有；连续使用不满二十年，或者虽满二十年但在二十年期满之前所有者曾向现使用者或有关部门提出归还的，由县级以上人民政府根据具体情况确定土地所有权。

第二十二条　乡（镇）或村在集体所有的土地上修建并管理的道路、水利设施用地，分别属于乡（镇）或村农民集体所有。

第二十三条　乡（镇）或村办企事业单位使用的集体土地，《六十条》公布以前使用的，分别属于该乡（镇）或村农民集体所有；《六十条》公布时起至一九八二年国务院《村镇建房用地管理条例》发布时止使用的，有下列情况之一的，分别属于该乡（镇）或村农民集体所有：

1、签订过用地协议的（不含租借）；

2、经县、乡（公社）、村（大队）批准或同意，并进行了适当的土地调整或者经过一定补偿的；

3、通过购买房屋取得的；

4、原集体企事业单位体制经批准变更的。

一九八二年国务院《村镇建房用地管理条例》发布时起至

一九八七年《土地管理法》开始施行时止，乡（镇）、村办企事业单位违反规定使用的集体土地按照有关规定清查处理后，乡（镇）、村集体单位继续使用的，可确定为该乡（镇）或村集体所有。

乡（镇）、村办企事业单位采用上述以外的方式占用的集体土地，或虽采用上述方式，但目前土地利用不合理的，如荒废、闲置等，应将其全部或部分土地退还原村或乡农民集体，或按有关规定进行处理。一九八七年《土地管理法》施行后违法占用的土地，须依法处理后再确定所有权。

第二十四条　乡（镇）企业使用本乡（镇）、村集体所有的土地，依照有关规定进行补偿和安置的，土地所有权转为乡（镇）农民集体所有。经依法批准的乡（镇）、村公共设施、公益事业使用的农民集体土地，分别属于乡（镇）、村农民集体所有。

第二十五条　农民集体经依法批准以土地使用权作为联营条件与其他单位或个人举办联营企业的，或者农民集体经依法批准以集体所有的土地的使用权作价入股，举办外商投资企业和内联乡镇企业的，集体土地所有权不变。

第四章　国有土地使用权

第二十六条　土地使用权确定给直接使用土地的具有法人资格的单位或个人。但法律、法规、政策和本规定另有规定的除外。

第二十七条 土地使用者经国家依法划拨、出让或解放初期接收、沿用，或通过依法转让、继承、接受地上建筑物等方式使用国有土地的，可确定其国有土地使用权。

第二十八条 土地公有制之前，通过购买房屋或土地及租赁土地方式使用私有的土地，土地转为国有后迄今仍继续使用的，可确定现使用者国有土地使用权。

第二十九条 因原房屋拆除、改建或自然坍塌等原因，已经变更了实际土地使用者的，经依法审核批准，可将土地使用权确定给实际土地使用者；空地及房屋坍塌或拆除后两年以上仍未恢复使用的土地，由当地县级以上人民政府收回土地使用权。

第三十条 原宗教团体、寺观教堂宗教活动用地，被其他单位占用，原使用单位因恢复宗教活动需要退还使用的，应按有关规定予以退还。确属无法退还或土地使用权有争议的，经协商、处理后确定土地使用权。

第三十一条 军事设施用地（含靶场、试验场、训练场）依照解放初土地接收文件和人民政府批准征用或划拨土地的文件确定土地使用权。土地使用权有争议的，按照国务院、中央军委有关文件规定处理后，再确定土地使用权。

国家确定的保留或地方代管的军事设施用地的土地使用权确定给军队，现由其他单位使用的，可依照有关规定确定为他项权利。

经国家批准撤销的军事设施，其土地使用权依照有关规定由当地县级以上人民政府收回并重新确定使用权。

第三十二条 依法接收、征用、划拨的铁路线路用地及其他铁路设施用地，现仍由铁路单位使用的，其使用权确定给铁路单位。铁路线路路基两侧依法取得使用权的保护用地，使用权确定给铁路单位。

第三十三条 国家水利、公路设施用地依照征用、划拨文件和有关法律、法规划定用地界线。

第三十四条 驻机关、企事业单位内的行政管理和服务性单位，经政府批准使用的土地，可以由土地管理部门商被驻单位规定土地的用途和其他限制条件后分别确定实际土地使用者的土地使用权。但租用房屋的除外。

第三十五条 原由铁路、公路、水利、电力、军队及其他单位和个人使用的土地，一九八二年五月《国家建设征用土地条例》公布之前，已经转由其他单位或个人使用的，除按照国家法律和政策应当退还的外，其国有土地使用权可确定给实际土地使用者，但严重影响上述部门的设施安全和正常使用的，暂不确定土地使用权，按照有关规定处理后，再确定土地使用权。一九八二年五月以后非法转让的，经依法处理后再确定使用权。

第三十六条 农民集体使用的国有土地，其使用权按县级以上人民政府主管部门审批、划拨文件确定；没有审批、划拨文件的，依照当时规定补办手续后，按使用现状确定；过去未明确划定使用界线的，由县级以上人民政府参照土地实际使用情况确定。

第三十七条 未按规定用途使用的国有土地，由县级以上

— 55 —

人民政府收回重新安排使用，或者按有关规定处理后确定使用权。

第三十八条 一九八七年一月《土地管理法》施行之前重复划拨或重复征用的土地，可按目前实际使用情况或者根据最后一次划拨或征用文件确定使用权。

第三十九条 以土地使用权为条件与其他单位或个人合建房屋的，根据批准文件、合建协议或者投资数额确定土地使用权，但一九八二年《国家建设征用土地条例》公布后合建的，应依法办理土地转让手续后再确定土地使用权。

第四十条 以出让方式取得的土地使用权或以划拨方式取得的土地使用权补办出让手续后作为资产入股的，土地使用权确定给股份制企业。

国家以土地使用权作价入股的，土地使用权确定给股份制企业。

国家将土地使用权租赁给股份制企业的，土地使用权确定给股份制企业。企业以出让方式取得的土地使用权或以划拨方式取得的土地使用权补办出让手续后，出租给股份制企业的，土地使用权不变。

第四十一条 企业以出让方式取得的土地使用权，企业破产后，经依法处置，确定给新的受让人；企业通过划拨方式取得的土地使用权，企业破产时，其土地使用权由县级以上人民政府收回后，根据有关规定进行处置。

第四十二条 法人之间合并，依法属于应当以有偿方式取得土地使用权的，原土地使用权应当办理有关手续，有偿取得土地使用权；依法可以以划拨形式取得土地使用权的，可以办理划拨土地权属变更登记，取得土地使用权。

第五章 集体土地建设用地使用权

第四十三条 乡（镇）村办企业事业单位和个人依法使用农民集体土地进行非农业建设的，可依法确定使用者集体土地建设用地使用权。对多占少用、占而不用的，其闲置部分不予确定使用权，并退还农民集体，另行安排使用。

第四十四条 依照本规定第二十五条规定的农民集体土地，集体土地建设用地使用权确定给联营或股份企业。

第四十五条 一九八二年二月国务院发布《村镇建房用地管理条例》之前农村居民建房占用的宅基地，超过当地政府规定的面积，在《村镇建房用地管理条例》施行后未经拆迁、改建、翻建的，可以暂按现有实际使用面积确定集体土地建设用地使用权。

第四十六条 一九八二年二月《村镇建房用地管理条例》发布时起至一九八七年一月《土地管理法》开始施行时止，农村居民建房占用的宅基地，其面积超过当地政府规定标准的，超过部分按一九八六年三月中共中央、国务院《关于加强土地管理、制止乱占耕地的通知》及地方人民政府的有关规定处理后，按处理后实际使用面积确定集体土地建设用地使用权。

第四十七条 符合当地政府分户建房规定而尚未分户的

农村居民，其现有的宅基地没有超过分户建房用地合计面积标准的，可按现有宅基地面积确定集体土地建设用地使用权。

第四十八条　非农业户口居民（含华侨）原在农村的宅基地，房屋产权没有变化的，可依法确定其集体土地建设用地使用权。房屋拆除后没有批准重建的，土地使用权由集体收回。

第四十九条　接受转让、购买房屋取得的宅基地，与原有宅基地合计面积超过当地政府规定标准，按照有关规定处理后允许继续使用的，可暂确定其集体土地建设用地使用权。继承房屋取得的宅基地，可确定集体土地建设用地使用权。

第五十条　农村专业户宅基地以外的非农业建设用地与宅基地分别确定集体土地建设用地使用权。

第五十一条　按照本规定第四十五条至第四十九条的规定确定农村居民宅基地集体土地建设用地使用权时，其面积超过当地政府规定标准的，可在土地登记卡和土地证书内注明超过标准面积的数量。以后分户建房或现有房屋拆迁、改建、翻建或政府依法实施规划重新建设时，按当地政府规定的面积标准重新确定使用权，其超过部分退还集体。

第五十二条　空闲或房屋坍塌、拆除两年以上未恢复使用的宅基地，不确定土地使用权。已经确定使用权的，由集体报经县级人民政府批准，注销其土地登记，土地由集体收回。

第六章　附　则

第五十三条　一宗地由两个以上单位或个人共同使用的，可确定为共有土地使用权。共有土地使用权面积可以在共有使用人之间分摊。

第五十四条　地面与空中、地面与地下立体交叉使用土地的（楼房除外），土地使用权确定给地面使用者，空中和地下可确定为他项权利。

平面交叉使用土地的，可以确定为共有土地使用权；也可以将土地使用权确定给主要用途或优先使用单位，次要和服从使用单位可确定为他项权利。

上述两款中的交叉用地，如属合法批准征用、划拨的，可按批准文件确定使用权，其他用地单位确定为他项权利。

第五十五条　依法划定的铁路、公路、河道、水利工程、军事设施、危险品生产和储存地、风景区等区域的管理和保护范围内的土地，其土地的所有权和使用权依照土地管理有关法规确定。但对上述范围内的土地的用途，可以根据有关的规定增加适当的限制条件。

第五十六条　土地所有权或使用权证明文件上的四至界线与实地一致，但实地面积与批准面积不一致的，按实地四至界线计算土地面积，确定土地的所有权或使用权。

第五十七条　他项权利依照法律或当事人约定设定。他项权利可以与土地所有权或使用权同时确定，也可在土地所有权或使用权确定之后增设。

第五十八条 各级人民政府或人民法院已依法处理的土地权属争议，按处理决定确定土地所有权或使用权。

第五十九条 本规定由国家土地管理局负责解释。

第六十条 本规定自一九九五年五月一日起施行。一九八九年七月五日国家土地管理局印发的《关于确定土地权属问题的若干意见》同时停止执行。

土地权属争议调查处理办法

中华人民共和国国土资源部令

第 49 号

《国土资源部关于修改部分规章的决定》，已经 2010 年 11 月 29 日国土资源部第 6 次部务会审议通过，现予发布，自发布之日起施行。

国土资源部部长
二〇一〇年十一月三十日

（2002 年 12 月 20 日国土资源部第 7 次部务会议通过；根据 2010 年 11 月 29 日国土资源部第 6 次部务会审议通过的《国土资源部关于修改部分规章的决定》修改）

第一条 为依法、公正、及时地做好土地权属争议的调查处理工作，保护当事人的合法权益，维护土地的社会主义公有制，根据《中华人民共和国土地管理法》，制定本办法。

第二条 本办法所称土地权属争议，是指土地所有权或者使用权归属争议。

第三条 调查处理土地权属争议，应当以法律、法规和土地管理规章为依据。从实际出发，尊重历史，面对现实。

第四条 县级以上国土资源行政主管部门负责土地权属争议案件(以下简称争议案件)的调查和调解工作；对需要依法作出处理决定的，拟定处理意见，报同级人民政府作出处理决定。

县级以上国土资源行政主管部门可以指定专门机构或者人员负责办理争议案件有关事宜。

第五条 个人之间、个人与单位之间、单位与单位之间发生的争议案件，由争议土地所在地的县级国土资源行政主管部门调查处理。

前款规定的个人之间、个人与单位之间发生的争议案件，可以根据当事人的申请，由乡级人民政府受理和处理。

第六条 设区的市、自治州国土资源行政主管部门调查处理下列争议案件：

一 跨县级行政区域的；

二 同级人民政府、上级国土资源行政主管部门交办或者有关部门转送的。

第七条 省、自治区、直辖市国土资源行政主管部门调查处理下列争议案件：

一 跨设区的市、自治州行政区域的；

二 争议一方为中央国家机关或者其直属单位，且涉及土地面积较大的；

三 争议一方为军队，且涉及土地面积较大的；

四　在本行政区域内有较大影响的；

五　同级人民政府、国土资源部交办或者有关部门转送的。

第八条　国土资源部调查处理下列争议案件：

一　国务院交办的；

二　在全国范围内有重大影响的。

第九条　当事人发生土地权属争议，经协商不能解决的，可以依法向县级以上人民政府或者乡级人民政府提出处理申请，也可以依照本办法第五、六、七、八条的规定，向有关的国土资源行政主管部门提出调查处理申请。

第十条　申请调查处理土地权属争议的，应当符合下列条件：

一　申请人与争议的土地有直接利害关系；

二　有明确的请求处理对象、具体的处理请求和事实根据。

第十一条　当事人申请调查处理土地权属争议，应当提交书面申请书和有关证据材料，并按照被申请人数提交副本。

申请书应当载明以下事项：

一　申请人和被申请人的姓名或者名称、地址、邮政编码、法定代表人姓名和职务；

二　请求的事项、事实和理由；

三　证人的姓名、工作单位、住址、邮政编码。

第十二条　当事人可以委托代理人代为申请土地权属争议

的调查处理。委托代理人申请的,应当提交授权委托书。授权委托书应当写明委托事项和权限。

第十三条 对申请人提出的土地权属争议调查处理的申请,国土资源行政主管部门应当依照本办法第十条的规定进行审查,并在收到申请书之日起7个工作日内提出是否受理的意见。

认为应当受理的,在决定受理之日起5个工作日内将申请书副本发送被申请人。被申请人应当在接到申请书副本之日起30日内提交答辩书和有关证据材料。逾期不提交答辩书的,不影响案件的处理。

认为不应当受理的,应当及时拟定不予受理建议书,报同级人民政府作出不予受理决定。

当事人对不予受理决定不服的,可以依法申请行政复议或者提起行政诉讼。

同级人民政府、上级国土资源行政主管部门交办或者有关部门转办的争议案件,按照本条有关规定审查处理。

第十四条 下列案件不作为争议案件受理:

一 土地侵权案件;

二 行政区域边界争议案件;

三 土地违法案件;

四 农村土地承包经营权争议案件;

五 其他不作为土地权属争议的案件。

第十五条 国土资源行政主管部门决定受理后,应当及时指定承办人,对当事人争议的事实情况进行调查。

第十六条　承办人与争议案件有利害关系的，应当申请回避；当事人认为承办人与争议案件有利害关系的，有权请求该承办人回避。承办人是否回避，由受理案件的国土资源行政主管部门决定。

第十七条　承办人在调查处理土地权属争议过程中，可以向有关单位或者个人调查取证。被调查的单位或者个人应当协助，并如实提供有关证明材料。

第十八条　在调查处理土地权属争议过程中，国土资源行政主管部门认为有必要对争议的土地进行实地调查的，应当通知当事人及有关人员到现场。必要时，可以邀请有关部门派人协助调查。

第十九条　土地权属争议双方当事人对各自提出的事实和理由负有举证责任，应当及时向负责调查处理的国土资源行政主管部门提供有关证据材料。

第二十条　国土资源行政主管部门在调查处理争议案件时，应当审查双方当事人提供的下列证据材料：

一　人民政府颁发的确定土地权属的凭证；

二　人民政府或者主管部门批准征收、划拨、出让土地或者以其他方式批准使用土地的文件；

三　争议双方当事人依法达成的书面协议；

四　人民政府或者司法机关处理争议的文件或者附图；

五　其他有关证明文件。

第二十一条　对当事人提供的证据材料，国土资源行政主管部门应当查证属实，方可作为认定事实的根据。

第二十二条　在土地所有权和使用权争议解决之前,任何一方不得改变土地利用的现状。

第二十三条　国土资源行政主管部门对受理的争议案件,应当在查清事实、分清权属关系的基础上先行调解,促使当事人以协商方式达成协议。调解应当坚持自愿、合法的原则。

第二十四条　调解达成协议的,应当制作调解书。调解书应当载明以下内容:

一　当事人的姓名或者名称、法定代表人姓名、职务;

二　争议的主要事实;

三　协议内容及其他有关事项。

第二十五条　调解书经双方当事人签名或者盖章,由承办人署名并加盖国土资源行政主管部门的印章后生效。

生效的调解书具有法律效力,是土地登记的依据。

第二十六条　国土资源行政主管部门应当在调解书生效之日起15日内,依照民事诉讼法的有关规定,将调解书送达当事人,并同时抄报上一级国土资源行政主管部门。

第二十七条　调解未达成协议的,国土资源行政管理部门应当及时提出调查处理意见,报同级人民政府作出处理决定。

第二十八条　国土资源行政主管部门应当自受理土地权属争议之日起6个月内提出调查处理意见。因情况复杂,在规定时间内不能提出调查处理意见的,经该国土资源行政主管部门的主要负责人批准,可以适当延长。

第二十九条 调查处理意见应当包括以下内容：

一 当事人的姓名或者名称、地址、法定代表人的姓名、职务；

二 争议的事实、理由和要求；

三 认定的事实和适用的法律、法规等依据；

四 拟定的处理结论。

第三十条 国土资源行政主管部门提出调查处理意见后，应当在5个工作日内报送同级人民政府，由人民政府下达处理决定。

国土资源行政主管部门的调查处理意见在报同级人民政府的同时，抄报上一级国土资源行政主管部门。

第三十一条 当事人对人民政府作出的处理决定不服的，可以依法申请行政复议或者提起行政诉讼。

在规定的时间内，当事人既不申请行政复议，也不提起行政诉讼，处理决定即发生法律效力。

生效的处理决定是土地登记的依据。

第三十二条 在土地权属争议调查处理过程中，国土资源行政主管部门的工作人员玩忽职守、滥用职权、徇私舞弊，构成犯罪的，依法追究刑事责任；不构成犯罪的，由其所在单位或者其上级机关依法给予行政处分。

第三十三条 乡级人民政府处理土地权属争议，参照本办法执行。

第三十四条 调查处理争议案件的文书格式，由国土资源部统一制定。

第三十五条 调查处理争议案件的费用,依照国家有关规定执行。

第三十六条 本办法自 2003 年 3 月 1 日起施行。1995 年 12 月 18 日原国家土地管理局发布的《土地权属争议处理暂行办法》同时废止。

林木林地权属争议处理办法

(1996年10月14日中华人民共和国林业部令第10号)

第一章 总 则

第一条 为了公正、及时地处理林木、林地权属争议，维护当事人的合法权益，保障社会安定团结，促进林业发展，根据《中华人民共和国森林法》和国家有关规定，制定本办法。

第二条 本办法所称林木、林地权属争议，是指因森林、林木、林地所有权或者使用权的归属而产生的争议。

处理森林、林木、林地的所有权或者使用权争议（以下简称林权争议），必须遵守本办法。

第三条 处理林权争议，应当尊重历史和现实情况，遵循有利于安定团结，有利于保护、培育和合理利用森林资源，有利于群众的生产生活的原则。

第四条 林权争议由各级人民政府依法作出处理决定。

林业部、地方各级人民政府林业行政主管部门或者人民政府设立的林权争议处理机构（以下统称林权争议处理机构）按照管理权限分别负责办理林权争议处理的具体工作。

第五条 林权争议发生后，当事人所在地林权争议处理机构应当及时向所在地人民政府报告，并采取有效措施防止事态扩大。

在林权争议解决以前，任何单位和个人不得采伐有争议的林木，不得在有争议的林地上从事基本建设或者其他生产活动。

第二章 处理依据

第六条 县级以上人民政府或者国务院授权林业部依法颁发的森林、林木、林地的所有权或者使用权证书（以下简称林权证），是处理林权争议的依据。

第七条 尚未取得林权证的，下列证据作为处理林权争议的依据：

（一）土地改革时期，人民政府依法颁发的土地证；

（二）土地改革时期，《中华人民共和国土地改革法》规定不发证的林木、林地的土地清册；

（三）当事人之间依法达成的林权争议处理协议、赠送凭证及附图；

（四）人民政府作出的林权争议处理决定；

（五）对同一起林权争议有数次处理协议或者决定的，以上一级人民政府作出的最终决定或者所在地人民政府作出的最后一次决定为依据；

（六）人民法院作出的裁定、判决。

第八条 土地改革后至林权争议发生时，下列证据可以作为处理林权争议的参考依据：

（一）国有林业企业事业单位设立时，该单位的总体设计书所确定的经营管理范围及附图；

（二）土地改革、合作化时期有关林木、林地权属的其他凭证；

（三）能够准确反映林木、林地经营管理状况的有关凭证；

（四）依照法律、法规和有关政策规定，能够确定林木、林地权属的其他凭证。

第九条 土地改革前有关林木、林地权属的凭证，不得作为处理林权争议的依据或者参考依据。

第十条 处理林权争议时，林木、林地权属凭证记载的四至清楚的，应当以四至为准；四至不清楚的，应当协商解决；经协商不能解决的，由当事人共同的人民政府确定其权属。

第十一条 当事人对同一起林权争议都能够出具合法凭证的，应当协商解决；经协商不能解决的，由当事人共同的人民政府按照双方各半的原则，并结合实际情况确定其权属。

第十二条 土地改革后营造的林木，按照"谁造林、谁管护、权属归谁所有"的原则确定其权属，但明知林地权属有争议而抢造的林木或者法律、法规另有规定的除外。

第三章 处理程序

第十三条 林权争议发生后，当事人应当主动、互谅、互让地协商解决。经协商依法达成协议的，当事人应当在协议书及附图上签字或者盖章，并报所在地林权争议处理机构备案；经协商不能达成协议的，按照本办法规定向林权争议处理机构申请处理。

第十四条 林权争议由当事人共同的林权争议处理机构负

责办理具体处理工作。

第十五条 申请处理林权争议的,申请人应当向林权争议处理机构提交《林木林地权属争议处理申请书》。

《林木林地权属争议处理申请书》应当包括以下内容:

(一)当事人的姓名、地址及其法定代表人的姓名、职务;

(二)争议的现状,包括争议面积、林木蓄积,争议地所在的行政区域位置、四至和附图;

(三)争议的事由,包括发生争议的时间、原因;

(四)当事人的协商意见。

《林木林地权属争议处理申请书》由省、自治区、直辖市人民政府林权争议处理机构统一印制。

第十六条 林权争议处理机构在接到《林木林地权属争议处理申请书》后,应当及时组织办理。

第十七条 当事人对自己的主张应当出具证据。当事人不能出具证据的,不影响林权争议处理机构依据有关证据认定争议事实。

第十八条 林权争议经林权争议处理机构调解达成协议的,当事人应当在协议书上签名或者盖章,并由调解人员署名,加盖林权争议处理机构印章,报同级人民政府或者林业行政主管部门备案。

第十九条 林权争议经林权争议处理机构调解未达成协议的,林权争议处理机构应当制作处理意见书,报同级人民政府作出决定。

处理意见书应当写明下列内容:

（一）当事人的姓名、地址及其法定代表人的姓名、职务；

（二）争议的事由、各方的主张及出具的证据；

（三）林权争议处理机构认定的事实、理由和适用的法律、法规及政策规定；

（四）处理意见。

第二十条 当事人之间达成的林权争议处理协议或者人民政府作出的林权争议处理决定，凡涉及国有林业企业、事业单位经营范围变更的，应当事先征得原批准机关同意。

第二十一条 当事人之间达成的林权争议处理协议，自当事人签字之日起生效；人民政府作出的林权争议处理决定，自送达之日起生效。

第二十二条 当事人对人民政府作出的林权争议处理决定不服的，可以依法提出申诉或者向人民法院提起诉讼。

第四章 奖励和惩罚

第二十三条 在林权争议处理工作中做出突出贡献的单位和个人，由县级以上人民政府林业行政主管部门给予奖励。

第二十四条 伪造、变造、涂改本办法规定的林木、林地权属凭证的，由林权争议处理机构收缴其伪造、变造、涂改的林木、林地权属凭证，并可视情节轻重处以1000元以下罚款。

第二十五条 违反本办法规定，在林权争议解决以前，擅自采伐有争议的林木或者在有争议的林地上从事基本建设及其他生产活动的，由县级以上人民政府林业行政主管部门依照《森林法》等法律、法规给予行政处罚。

第二十六条 在处理林权争议过程中,林权争议处理机构工作人员玩忽职守、徇私舞弊的,由其所在单位或者有关机关依法给予行政处分。

第五章 附 则

第二十七条 本办法由林业部负责解释。

第二十八条 本办法自发布之日起施行。

城乡建设用地增减挂钩试点管理办法

国土资发〔2008〕138号

(2008年6月27日国土资源部国土资发)

第一条 为进一步加强和规范城乡建设用地增减挂钩试点工作，根据《国务院关于深化改革严格土地管理的决定》（国发〔2004〕28号）的规定，制定本办法。

第二条 本办法所称城乡建设用地增减挂钩（以下简称挂钩）是指依据土地利用总体规划，将若干拟整理复垦为耕地的农村建设用地地块（即拆旧地块）和拟用于城镇建设的地块（即建新地块）等面积共同组成建新拆旧项目区（以下简称项目区），通过建新拆旧和土地整理复垦等措施，在保证项目区内各类土地面积平衡的基础上，最终实现增加耕地有效面积，提高耕地质量，节约集约利用建设用地，城乡用地布局更合理的目标。

第三条 挂钩试点工作应以落实科学发展观为统领，以保护耕地、保障农民土地权益为出发点，以改善农村生产生活条件，统筹城乡发展为目标，以优化用地结构和节约集约用地为重点。具体遵循以下原则：

（一）以规划统筹试点工作，引导城乡用地结构调整和布局优化，推进土地节约集约利用，促进城乡协调发展。

（二）以挂钩周转指标安排项目区建新拆旧规模，调控实施进度，考核计划目标；

（三）以项目区实施为核心，实行行政辖区和项目区建新拆旧双层审批、考核和管理，确保项目区实施后，增加耕地有效面积，提高耕地质量，建设用地总量不突破原有规模；

（四）因地制宜，统筹安排，零拆整建，先易后难，突出重点，分步实施；

（五）尊重群众意愿，维护集体和农户土地合法权益；

（六）以城带乡、以工促农，通过挂钩试点工作，改善农民生产、生活条件，促进农业适度规模经营和农村集体经济发展。

第四条 国土资源部负责对全国挂钩试点工作的政策指导、规模调控和监督检查；试点省（区、市）省级国土资源部门负责辖区内试点工作的总体部署和组织管理；试点市、县国土资源部门负责本行政区域内试点工作的具体组织实施。

挂钩试点工作应当由市、县人民政府组织协调，相关部门协同配合，共同推进。

第五条 挂钩试点工作实行行政区域和项目区双层管理，以项目区为主体组织实施。项目区应在试点市、县行政辖区内设置，优先考虑城乡结合部地区；项目区内建新和拆旧地块要相对接近，便于实施和管理，并避让基本农田；

项目区内建新地块总面积必须小于拆旧地块总面积，拆旧地块整理复垦耕地的数量、质量，应比建新占用耕地的数量有增加、质量有提高。

项目区内拆旧地块整理的耕地面积，大于建新占用的耕地的，可用于建设占用耕地占补平衡。

第六条 挂钩试点通过下达城乡建设用地增减挂钩周转指标（以下简称挂钩周转指标）进行。挂钩周转指标专项用于控制项目区内建新地块的规模，同时作为拆旧地块整理复垦耕地面积的标准。不得作为年度新增建设用地计划指标使用。

挂钩周转指标应在规定时间内用拆旧地块整理复垦的耕地面积归还，面积不得少于下达的挂钩周转指标。

第七条 挂钩试点市、县应当开展专项调查，查清试点地区土地利用现状、权属、等级，分析试点地区农村建设用地整理复垦潜力和城镇建设用地需求，了解当地群众的生产生活条件和建新拆旧意愿。

第八条 挂钩试点市、县应当依据土地利用总体规划和专项调查，编制挂钩试点专项规划，统筹安排挂钩试点项目区规模布局，做好与城市、村镇规划等的衔接。

第九条 挂钩试点县（区、市）应依据专项调查和挂钩试点专项规划，编制项目区实施规划，统筹确定城镇建设用地增加和农村建设用地撤并的规模、范围和布局，合理安排建新区城镇村建设用地的比例，优先保证被拆迁农民安置和农村公共设施建设用地，并为当地农村集体经济发展预留空间。

项目区实施规划内容主要包括农村建设用地整理复垦潜力分析，项目区规模与范围，土地利用结构调整等情况；项目区实施时序，周转指标规模及使用、归还计划；拆旧区整理复垦和安置补偿方案；资金预算与筹措等，以及项目区土地利用现状图和项目区实施规划图。

第十条 挂钩试点工作必须经国土资源部批准,未经批准不得自行开展试点工作。

省级国土资源部门制定试点工作总体方案,向国土资源部提出开展挂钩试点工作申请。国土资源部对省级国土资源部门上报的试点工作总体方案进行审查,并批准挂钩试点省份。

经批准的试点省级国土资源部门,依据试点工作总体方案,组织市、县国土资源部门编制项目区实施规划,并进行审查,建立项目区备选库;根据项目区入库情况,向国土资源部提出周转指标申请。

国土资源部在对项目区备选库进行核查的基础上,按照总量控制的原则,批准下达挂钩周转指标规模。

第十一条 挂钩试点应当具备以下条件:

(一)建设用地供需矛盾突出,农村建设用地整理复垦潜力较大;

(二)当地政府重视,群众积极性较高;

(三)经济发展较快,具备较强的经济实力,能确保建新安置和拆旧整理所需资金;

(四)土地管理严格规范,各项基础业务扎实,具有较强制度创新和探索能力。

第十二条 试点省(区、市)应根据国土资源部批准下达的挂钩周转指标规模,在项目区备选库中择优确定试点项目区,对项目区实施规划和建新拆旧进行整体审批,不再单独办理农用地转用审批手续。整体审批结果报国土资源部备案。

项目区经整体审批后方可实施，未经整体审批的项目区，不得使用挂钩周转指标；未纳入项目区、无挂钩周转指标的地块，不得改变土地用途，涉及农用地改变为新增建设用地的应依法办理农用地转用手续。

第十三条　项目区实施前，应当对建新拟占用的农用地和耕地，进行面积测量和等级评定，并登记入册。

第十四条　挂钩试点实施过程中，项目区拆旧地块整理要严格执行土地整理复垦的有关规定，涉及工程建设的，应当执行项目法人制、招投标制、工程监理制、公告制等制度。

第十五条　挂钩周转指标分别以行政区域和项目区为考核单位，两者建新地块的面积规模都不得突破下达的挂钩周转指标规模。对各项目区挂钩周转指标的使用情况，要独立进行考核和管理；对试点市、县挂钩周转指标的使用情况，要综合行政辖区内的所有项目区进行整体考核和管理。

试点市、县国土资源部门应按照"总量控制、封闭运行、定期考核、到期归还"的原则，制定建立挂钩周转指标管理台账，对挂钩周转指标的下达、使用和归还进行全程监管。

挂钩周转指标从项目区整体审批实施至指标归还的期限一般不超过三年。项目区要制定分年度指标归还计划，试点市、县国土资源部门督促落实指标归还进度；试点省级国土资源部门每年应依据指标归还计划，对各试点市、县挂钩周转指标归还情况进行考核验收。

第十六条　项目区建新地块要按照国家供地政策和节约集约用地要求供地和用地。确需征收的集体土地，应依法办理土地征收手续。

通过开展土地评估、界定土地权属，按照同类土地等价交换的原则，合理进行土地调整、互换和补偿。根据"依法、自愿、有偿、规范"的要求，探索集体建设用地流转，创新机制，促进挂钩试点工作。

第十七条 项目区选点布局应当举行听证、论证，充分吸收当地农民和公众意见，严禁违背农民意愿，大拆大建；项目区实施过程中，涉及农用地或建设用地调整、互换，要得到集体经济组织和农民确认。涉及集体土地征收的，要实行告知、听证和确认，对集体和农民妥善给予补偿和安置。

建新地块实行有偿供地所得收益，要用于项目区内农村和基础设施建设，并按照城市反哺农村、工业反哺农业的要求，优先用于支持农村集体发展生产和农民改善生活条件。

第十八条 市、县国土资源部门对挂钩试点工作要实行动态监管，每半年将试点进展情况向上级国土资源部门报告；省级国土资源部门应定期对本行政辖区试点工作进行检查指导，并于每年年底组织开展年度考核，考核情况报国土资源部备案。

第十九条 项目区实施完成后，由试点县级国土资源部门进行初验。初验合格后，向上一级国土资源部门申请，由省级国土资源部门组织正式验收，并将验收结果报部备案。

项目区验收时，需提供1：1万或更大比例尺的项目区土地利用现状图和必要的遥感影像资料，与项目区实施前的图件资料进行比对和核查。

第二十条　项目区竣工验收后,要在规定的时间内完成地籍调查和土地变更调查,明确地块界址,并依法办理土地变更登记手续。

第二十一条　试点各级国土资源部门应运用计算机等手段,对建新拆旧面积、周转指标、土地权属等进行登记、汇总,建立项目区数据库,加强信息化管理。

第二十二条　国土资源部定期对试点工作进行检查,对未能按计划及时归还指标的省(区、市),要限期整改,情节严重的,暂停挂钩试点工作;对于擅自扩大试点范围,突破下达周转指标规模,停止该省(区、市)的挂钩试点工作,并相应扣减土地利用年度计划指标。

第二十三条　试点省(区、市)可结合本地区实际情况,参照本办法,制定具体实施办法。

第二十四条　本办法自颁布之日起实施。

国土资源部关于进一步加快宅基地和集体建设用地确权登记发证有关问题的通知

国土资发〔2016〕191号

各省、自治区、直辖市国土资源主管部门，新疆生产建设兵团国土资源局：

《国土资源部 财政部 住房和城乡建设部 农业部 国家林业局关于进一步加快推进宅基地和集体建设用地使用权确权登记发证工作的通知》（国土资发〔2014〕101号）印发以来，各地采取切实措施，大力推进农村宅基地和集体建设用地确权登记发证工作，取得了积极进展。但同时也遇到了一些问题，比如有的地方农村地籍调查工作基础薄弱，难以有效支撑和保障农村房地一体的不动产登记；有的地方只开展宅基地、集体建设用地调查，没有调查房屋及其他定着物；个别地方不动产统一登记发证后，仍然颁发老证；一些地方宅基地"一户多宅"、超占面积等问题比较严重，且时间跨度大，权源资料不全等，影响了不动产登记工作的整体进度。尤其是农村土地制度改革试点地区土地确权登记发证迟缓，直接影响了试点工作的顺利推进。为进一步加快农村宅基地和集体建设用地确权登记发证工作，有效支撑农村土地制度改革，现就有关问题通知如下：

一、颁发统一的不动产权证书。目前全国所有的市、县均已完成不动产统一登记职责机构整合，除西藏的部分市、县外，都已实现不动产登记"发新停旧"。农村宅基地和集体建设用地使用权以及房屋所有权是不动产统一登记的重要内容，各地要按照《不动产登记暂行条例》《不动产登记暂行条例实施细则》《不动产登记操作规范（试行）》等法规政策规定，颁发统一的不动产权证书。涉及设立抵押权、地役权或者办理预告登记、异议登记的，依法颁发不动产登记证明。

二、因地制宜开展房地一体的权籍调查。各地要开展房地一体的农村权籍调查，将农房等宅基地、集体建设用地上的定着物纳入工作范围。对于已完成农村地籍调查的宅基地、集体建设用地，应进一步核实完善地籍调查成果，补充开展房屋调查，形成满足登记要求的权籍调查成果。对于尚未开展农村地籍调查的宅基地、集体建设用地，应采用总调查的模式，由县级以上地方人民政府统一组织开展房地一体的权籍调查。农村权籍调查不得收费，不得增加农民负担。

农村权籍调查中的房屋调查要执行《农村地籍和房屋调查技术方案（试行）》有关要求。条件不具备的，可采用简便易行的调查方法，通过描述方式调查记录房屋的权利人、建筑结构、层数等内容，实地指界并丈量房屋边长，简易计算房屋占地面积，形成满足登记要求的权籍调查成果。对于新型农村社区或多（高）层多户的，可通过实地丈量房屋边长和核实已有户型图等方式，计算房屋占地面积和建筑面积。

三、规范编制不动产单元代码。宅基地、集体建设用地和房屋等定着物应一并划定不动产单元，编制不动产单元代码。对于已完成宗地统一代码编制的，应以宗地为基础，补充房屋等定着物信息，形成不动产单元代码。对于未开展宗地统一代码编制或宗地统一代码不完备的，可在地籍区（子区）划分成果基础上，充分利用已有的影像图、地形图等数据资料，通过坐落、界址点坐标等信息预判宗地或房屋位置，补充开展权籍调查等方式，编制形成唯一的不动产单元代码。

四、公示权属调查结果。县级以上地方人民政府统一组织的宅基地、集体建设用地和房屋首次登记，权属调查成果要在本集体经济组织范围内公示。开展农村房地一体权籍调查时，不动产登记机构（国土资源主管部门）应将宅基地、集体建设用地和房屋的权属调查结果送达农村集体经济组织，并要求在村民会议或村民代表会议上说明，同时以张贴公告等形式公示权属调查结果。对于外出务工人员较多的地区，可通过电话、微信等方式将权属调查结果告知权利人及利害关系人。

五、结合实际依法处理"一户多宅"问题。宅基地使用权应按照"一户一宅"要求，原则上确权登记到"户"。符合当地分户建房条件未分户，但未经批准另行建房分开居住的，其新建房屋占用的宅基地符合相关规划，经本农民集体同意并公告无异议的，可按规定补办有关用地手续后，依法予以确权登记；未分开居住的，其实际使用的宅基地没有超过分户后建房用地合计面积标准的，依法按照实际使用面积予以确权登记。

六、分阶段依法处理宅基地超面积问题。农民集体成员经过批准建房占用宅基地的，按照批准面积予以确权登记。未履行批准手续建房占用宅基地的，按以下规定处理：1982年《村镇建房用地管理条例》实施前，农民集体成员建房占用的宅基地，范围在《村镇建房用地管理条例》实施后至今未扩大的，无论是否超过其后当地规定面积标准，均按实际使用面积予以确权登记。1982年《村镇建房用地管理条例》实施起至1987年《土地管理法》实施时止，农民集体成员建房占用的宅基地，超过当地规定面积标准的，超过面积按国家和地方有关规定处理的结果予以确权登记。1987年《土地管理法》实施后，农民集体成员建房占用的宅基地，符合规划但超过当地面积标准的，在补办相关用地手续后，依法对标准面积予以确权登记，超占面积在登记簿和权属证书附记栏中注明。

历史上接受转让、赠与房屋占用的宅基地超过当地规定面积标准的，按照转让、赠与行为发生时对宅基地超面积标准的政策规定，予以确权登记。

七、依法确定非本农民集体成员合法取得的宅基地使用权。非本农民集体成员因扶贫搬迁、地质灾害防治、新农村建设、移民安置等按照政府统一规划和批准使用宅基地的，在退出原宅基地并注销登记后，依法确定新建房屋占用的宅基地使用权。

1982年《村镇建房用地管理条例》实施前，非农业户口居民（含华侨）合法取得的宅基地或因合法取得房屋而占用的宅基地，范围在《村镇建房用地管理条例》实施后至今未扩大的，可按实际使用面积予以确权登记。1982年《村镇建房用地管理条例》实施起至1999年《土地管理法》修订实施时止，非农业户口居民（含华侨）合法取得的宅基地或因合法取得房屋而占用的宅基地，按照批准面积予以确权登记，超过批准的面积在登记簿和权属证书附记栏中注明。

八、依法维护农村妇女和进城落户农民的宅基地权益。农村妇女作为家庭成员，其宅基地权益应记载到不动产登记簿及权属证书上。农村妇女因婚嫁离开原农民集体，取得新家庭宅基地使用权的，应依法予以确权登记，同时注销其原宅基地使用权。

农民进城落户后，其原合法取得的宅基地使用权应予以确权登记。

九、分阶段依法确定集体建设用地使用权。1987年《土地管理法》实施前，使用集体土地兴办乡（镇）村公益事业和公共设施，经所在乡（镇）人民政府审核后，可依法确定使用单位集体建设用地使用权。乡镇企业用地和其他经依法批准用于非住宅建设的集体土地，至今仍继续使用的，经所在农民集体同意，报乡（镇）人民政府审核后，依法确定使用单位集体建设用地使用权。1987年《土地管理法》实施后，乡（镇）村公益事业和公共设施用地、乡镇企业用地和其他经依法批准用于非住宅建设的集体土地，应当依据县级以上人民政府批准文件，确定使用单位集体建设用地使用权。

十、规范没有土地权属来源材料的宅基地、集体建设用地确权登记程序。对于没有权属来源材料的宅基地，应当查明土地历史使用情况和现状，由所在农民集体或村委会对宅基地使用权人、面积、四至范围等进行确认后，公告30天无异议，并出具证明，经乡（镇）人民政府审核，报县级人民政府审定，属于合法使用的，予以确权登记。

对于没有权属来源材料的集体建设用地,应当查明土地历史使用情况和现状,认定属于合法使用的,经所在农民集体同意,并公告30天无异议,经乡(镇)人民政府审核,报县级人民政府批准,予以确权登记。

2016年12月23日

国土资源部 财政部 农业部关于加快推进农垦国有土地使用权确权登记发证工作的通知

国土资发〔2016〕156号

各省、自治区、直辖市国土资源主管部门、财政厅（局）、农垦主管部门，新疆生产建设兵团国土资源局、财务局、农业局：

为贯彻落实《中共中央 国务院关于进一步推进农垦改革发展的意见》（中发〔2015〕33号）（以下简称"中发〔2015〕33号文件"）精神，用3年左右时间基本完成农垦国有土地使用权确权登记发证任务，现将有关事项通知如下：

一、充分认识加快推进农垦国有土地使用权确权登记发证的重要意义

《国务院办公厅转发国土资源部、农业部关于依法保护国有农场土地合法权益意见的通知》（国办发〔2001〕8号）下发以来，各地积极推进农垦国有土地确权登记工作，取得了一定进展。但全国农垦国有土地确权登记发证率总体不高，有的还存在土地权属争议，与中央提出推进农垦改革发展，创新农垦土地管理方式，强化农垦土地权益保护的新要求不相适应。因此，加快推进农垦国有土地使用权确权登记发证工作，明晰农垦土地产权关系，十分必要和迫切。

（一）加快推进农垦国有土地使用权确权登记发证是维护农垦合法土地权益的重要手段。按照《土地管理法》、《不动产登记暂行条例》规定，依法登记的土地的所有权、使用权受法律保护，任何单位和个人不得侵犯。土地是农垦建设现代农业、发挥示范带动作用的重要物质基础。开展农垦国有土地使用权确权登记发证工作，就是依法确认国有农场等农垦企业对其合法取得的土地等不动产享有物权。这对于国有农场制止非法侵占、蚕食其土地行为，依法保护合法土地权益，夯实现代农业发展基础，维护国家粮食安全具有重要意义。

（二）加快推进农垦国有土地使用权确权登记发证是推进农垦土地资源资产化、资本化的重要基础。土地是国有农场最基本的生产资料，是其最重要的资产。中央要求农垦改革要推进农垦土地资源资产化和资本化，创新农垦土地资产配置方式。落实中央要求的基本前提，是通过确权登记发证明晰国有农场土地产权关系，明确农垦国有土地使用权主体、使用权类型、土地用途等。只有依法完成农垦土地确权登记发证，才能顺利开展国有农场资产清产核资等工作，才能有效支撑垦区集团化改革。

（三）加快推进农垦国有土地使用权确权登记发证工作是促进垦区和谐稳定的迫切需要。通过依法开展农垦国有土地使用权确权登记发证工作，明确土地权属，依法调处国有农场与相邻农民集体及其他单位土地权属争议，化解因土地权属引发的矛盾纠纷，能够大大减少垦区不稳定因素，促进垦区社会和谐稳定。

二、明确工作目标和步骤，切实加快农垦国有土地使用权确权登记发证工作

各地要认真落实中发〔2015〕33号文件精神，依据不动产登记法律法规和技术规范，按照"依法依规、因地制宜、先易后难"的原则，采取有效措施，加快推进农垦国有土地使用权确权登记发证工作，到2018年底完成权属清晰、无争议的农垦国有土地确权登记发证任务，同时要加大工作力度，依法调处国有农场土地权属争议，依法维护农垦国有土地权益。

（一）加快农垦国有土地权籍调查。各地要按照不动产权籍调查有关要求，充分利用已有调查成果，开展农垦国有土地权籍调查，查清国有农场依法使用的每一宗土地的权属、界址、面积和用途等。原则上要划清国有农场的建设用地和农用地界限，分宗调查；未利用地和农用地可划分为一宗地，但要调查清楚未利用地的范围和面积。各地应在全面查清权属状况、完成权属指界等基础上，采用合适的测量方法开展不动产测量。权籍调查完成后，按照统一的不动产单元编码模式，形成包括权籍调查表、不动产测量报告和权籍图等在内的调查成果，提供给不动产登记机构。有条件的国有农场可按照不动产统一登记的要求，一并开展地上房屋的权属调查和测量，实现国有农场房地一体调查和调查成果的统一管理。

（二）依法办理农垦国有土地登记手续。各地农垦主管部门要组织国有农场在权籍调查完成后，尽快向不动产登记机构提交符合登记要求的成果资料，提出登记申请。县（市）不动产登记机构对权籍调查成果通过审核的国有农场使用的国有农

用地、未利用地，要按照《不动产登记暂行条例实施细则》第52条办理登记手续，登记为国有农用地的使用权；同时要在登记簿、证书附记栏以及附图中对未利用地的面积和范围进行标注。对于国有农场依法使用的建设用地，具备条件的，与合法取得的地上房屋，按照房地一体的原则办理登记手续。对于暂不具备办理房地一体登记手续条件的，可先办理国有建设用地使用权首次登记，待条件具备后，再连同地上合法取得的房屋一体办理登记手续。对于国有农场代管的集体土地，不纳入农垦土地确权登记工作范围。

（三）加强农垦国有土地权属争议调处。各地要建立由政府牵头，国土资源和农垦主管部门参加的农垦国有土地权属争议调处工作协调机制，明确分工，落实责任，加大工作力度，按照"尊重历史，面对现实，互利互让"原则，依法调处土地权属争议。对于争议已解决的农垦土地，国有农场持人民法院、仲裁委员会的生效法律文书或者人民政府的生效决定单方申请不动产登记的，不动产登记机构应及时办理登记手续，做到农垦国有土地"权属应确尽确、证书应发尽发"。对于存在权属争议且一时难以解决的农垦国有土地，可将争议部分划出，对没有争议的土地先予以登记发证，争议土地待争议解决后予以登记发证。

（四）规范已有登记成果。为支持农垦改革发展，结合不动产统一登记制度实施，对已经登记发证的宗地缺失档案资料、登记不规范以及需补充房屋登记的，不动产登记机构可以按照《不动产登记暂行条例实施细则》，开展不动产变更登记，发放不动产权证书。各级国土资源和农垦主管部门要做好农垦国有土地确权登记成果信息化管理，促进登记成果有效利用。

三、周密组织实施，按时完成农垦国有土地使用权确权登记发证任务

（一）加强组织领导。各级国土资源、财政、农垦主管部门要把农垦国有土地确权登记工作列入重要议事日程，加强组织领导，密切协调配合，加大工作力度，确保按时完成中央部署的任务。各地农垦主管部门要加强对国有农场的组织协调，组织做好资金筹措及使用管理、权籍调查、登记发证申请、配合土地权属争议调处等工作。

（二）周密部署安排。省级国土资源主管部门要会同财政、农垦主管部门研究制定整体工作方案，明确年度工作目标、任务和保障措施，加快推进工作，到2018年底基本完成农垦国有土地使用权确权登记发证任务。

（三）切实保障经费。农垦国有土地确权登记发证工作经费由中央财政、地方财政和国有农场共同负担。中央财政适当安排补助经费，地方财政和国有农场统筹安排所需工作经费。新疆生产建设兵团所需工作经费由兵团统筹安排，中央财政按统一标准予以补助。各级农垦、财政和国土资源主管部门要加强协调配合，根据农垦国有土地确权登记工作需要，合理确定支出用途，严格规范使用，保障工作顺利开展。

（四）开展督促指导。建立全国农垦国有土地确权登记发证工作进度汇总统计分析和通报制度。省级国土资源主管部门在每季度末上报本季度工作进展情况。国土资源部、财政部、

农业部将联合对农垦国有土地确权登记工作推进情况进行专项督导。对于工作进度慢、保障措施不力的地区，将进行重点督促检查。督导后整改不力的地区，将予以通报。

（五）做好宣传培训。各地要通过报纸、电视、广播、网络等媒体，大力宣传农垦国有土地使用权确权登记发证的重要意义、目标任务和法律政策，树立农垦国有土地确权登记的权威性、严肃性，为农垦改革发展创造良好的舆论环境。国土资源部、财政部、农业部将适时召开加快推进农垦国有土地使用权确权登记发证工作现场会，以会代训，总结、推广、宣传典型经验，为全国工作提供典型示范。

国土资源部 财政部 农业部
2016 年 12 月 30 日

土地储备管理办法

土地储备管理办法

国土资源部　财政部　中国人民银行
中国银行业监督管理委员会关于印发
《土地储备管理办法》的通知
国土资规〔2017〕17号

各省、自治区、直辖市、副省级城市国土资源主管部门、财政厅（局），新疆生产建设兵团国土资源局、财务局，中国人民银行上海总部、各分行、营业管理部、省会（首府）城市中心支行、副省级城市中心支行，各省、自治区、直辖市银监局：

　　为加强和规范土地储备管理，根据相关法律法规和国务院有关文件的规定，国土资源部、财政部、中国人民银行、中国银行业监督管理委员会联合修订了《土地储备管理办法》。现予印发，请遵照执行。

国土资源部　财政部　中国人民银行
中国银行业监督管理委员会
2018年1月3日

一、总体要求

（一）为贯彻落实党的十九大精神，落实加强自然资源资产管理和防范风险的要求，进一步规范土地储备管理，增强政府对城乡统一建设用地市场的调控和保障能力，促进土地资源的高效配置和合理利用，根据《国务院关于加强国有土地资产管理的通知》（国发〔2001〕15号）、《国务院关于促进节约集约用地的通知》（国发〔2008〕3号）、《国务院关于加强地方政府性债务管理的意见》（国发〔2014〕43号）、《国务院办公厅关于规范国有土地使用权出让收支管理的通知》（国办发〔2006〕100号），制定本办法。

（二）土地储备是指县级（含）以上国土资源主管部门为调控土地市场、促进土地资源合理利用，依法取得土地，组织前期开发、储存以备供应的行为。土地储备工作统一归口国土资源主管部门管理，土地储备机构承担土地储备的具体实施工作。财政部门负责土地储备资金及形成资产的监管。

（三）土地储备机构应为县级（含）以上人民政府批准成

立、具有独立的法人资格、隶属于所在行政区划的国土资源主管部门、承担本行政辖区内土地储备工作的事业单位。国土资源主管部门对土地储备机构实施名录制管理。市、县级国土资源主管部门应将符合规定的机构信息逐级上报至省级国土资源主管部门，经省级国土资源主管部门审核后报国土资源部，列入全国土地储备机构名录，并定期更新。

二、储备计划

（四）各地应根据国民经济和社会发展规划、国土规划、土地利用总体规划、城乡规划等，编制土地储备三年滚动计划，合理确定未来三年土地储备规模，对三年内可收储的土地资源，在总量、结构、布局、时序等方面做出统筹安排，优先储备空闲、低效利用等存量建设用地。

（五）各地应根据城市建设发展和土地市场调控的需要，结合当地社会发展规划、土地储备三年滚动计划、年度土地供应计划、地方政府债务限额等因素，合理制定年度土地储备计划。年度土地储备计划内容应包括：

1. 上年度末储备土地结转情况（含上年度末的拟收储土地及入库储备土地的地块清单）；

2. 年度新增储备土地计划（含当年新增拟收储土地和新增入库储备土地规模及地块清单）；

3. 年度储备土地前期开发计划（含当年前期开发地块清单）；

4. 年度储备土地供应计划（含当年拟供应地块清单）；

5. 年度储备土地临时管护计划；

6. 年度土地储备资金需求总量。

其中，拟收储土地，是指已纳入土地储备计划或经县级（含）以上人民政府批准，目前已启动收回、收购、征收等工作，但未取得完整产权的土地；入库储备土地，是指土地储备机构已取得完整产权，纳入储备土地库管理的土地。

（六）国土资源主管部门应会同财政部门于每年第三季度，组织编制完成下一年度土地储备计划，提交省级国土资源主管部门备案后，报同级人民政府批准。因土地市场调控政策变化或低效用地再开发等原因，确需调整年度土地储备计划的，每年中期可调整一次，按原审批程序备案、报批。

三、入库储备标准

（七）储备土地必须符合土地利用总体规划和城乡规划。存在污染、文物遗存、矿产压覆、洪涝隐患、地质灾害风险等情况的土地，在按照有关规定由相关单位完成核查、评估和治理之前，不得入库储备。

（八）下列土地可以纳入储备范围：

1. 依法收回的国有土地；

2. 收购的土地；

3. 行使优先购买权取得的土地；

4. 已办理农用地转用、征收批准手续并完成征收的土地；

5. 其他依法取得的土地。

入库储备土地必须是产权清晰的土地。土地储备机构应对土地取得方式及程序的合规性、经济补偿、土地权利（包括用益物权和担保物权）等情况进行审核，不得为了收储而强制征收土地。对于取得方式及程序不合规、补偿不到位、土地权属不清晰、应办理相关不动产登记手续而尚未办理的土地，不得入库储备。

（九）收购土地的补偿标准，由土地储备机构与土地使用权人根据土地评估结果协商，经同级国土资源主管部门和财政部门确认，或地方法规规定的其他机构确认。

（十）储备土地入库前，土地储备机构应向不动产登记机构申请办理登记手续。储备土地登记的使用权类型统一确定为"其他（政府储备）"，登记的用途应符合相关法律法规的规定。

四、前期开发、管护与供应

（十一）土地储备机构负责理清入库储备土地产权，评估入库储备土地的资产价值。

（十二）土地储备机构应组织开展对储备土地必要的前期开发，为政府供应土地提供必要保障。

储备土地的前期开发应按照该地块的规划，完成地块内的道路、供水、供电、供气、排水、通讯、围挡等基础设施建设，并进行土地平整，满足必要的"通平"要求。具体工程要按照有关规定，选择工程勘察、设计、施工和监理等单位进行建设。

前期开发工程施工期间，土地储备机构应对工程实施监督管理。工程完成后，土地储备机构应按规定组织开展验收或委托专业机构进行验收，并按有关规定报所属国土资源主管部门备案。

（十三）土地储备机构应对纳入储备的土地采取自行管护、委托管护、临时利用等方式进行管护；建立巡查制度，对侵害储备土地权利的行为要做到早发现、早制止、早处理。对储备土地的管护，可以由土地储备机构的内设机构负责，也可由土地储备机构按照相关规定选择管护单位。

（十四）在储备土地未供应前，土地储备机构可将储备土地或连同地上建（构）筑物，通过出租、临时使用等方式加以利用。储备土地的临时利用，一般不超过两年，且不能影响土地供应。储备土地的临时利用应报同级国土资源主管部门同意。其中，在城市规划区内储备土地的临时使用，需搭建建（构）筑物的，在报批前，应当先经城市规划行政主管部门同意，不得修建永久性建筑物。

（十五）储备土地完成前期开发，并具备供应条件后，应纳入当地市、县土地供应计划，由市、县国土资源主管部门统一组织土地供应。供应已发证的储备土地之前，应收回并注销其不动产权证书及不动产登记证明，并在不动产登记簿中予以注销。

五、资金管理

（十六）土地储备资金收支管理严格执行财政部、国土资源部关于土地储备资金财务管理的规定。土地储备资金通过政府预算安排，实行专款专用。

（十七）土地储备机构应当严格按照规定用途使用土地储

备资金,不得挪用。土地储备机构所需的日常经费,纳入政府预算,与土地储备资金实行分账核算,不得相互混用。

(十八)土地储备机构按规定编制土地储备资金收支项目预算,经同级国土资源主管部门审核,报同级财政部门审定后执行。年度终了,土地储备机构向同级财政部门报送土地储备资金收支项目决算,由同级财政部门审核或者由同级财政部门指定具有良好信誉、执业质量高的会计师事务所等相关中介机构进行审核。

(十九)土地储备资金应当建立绩效评价制度,绩效评价结果作为财政部门安排年度土地储备资金收支项目预算的依据。

(二十)土地储备专项债券资金管理执行财政部、国土资源部有关地方政府土地储备专项债券管理的规定。

六、监管责任

(二十一)信息化监管。国土资源部利用土地储备监测监管系统,监测监管土地储备机构业务开展情况。

列入全国土地储备机构名录的机构应按要求在土地储备监测监管系统中填报储备土地、已供储备土地、储备土地资产存量和增量、储备资金收支、土地储备专项债券等相关信息,接受主管部门监督管理。土地储备机构应按相关法律法规和规范性文件开展工作,违反相关要求的,将被给予警示直至退出名录。

(二十二)部门分工监管。各级国土资源主管部门及财政部门应按照职责分工,互相配合,保证土地储备工作顺利开展。

市县级国土资源主管部门应制定相关管理办法，监管土地储备机构、业务运行、资产管理及资金使用，定期考核，加强对土地储备机构的管理与指导；及时核准上传土地储备机构在土地储备监测监管系统中的信息，审核调整土地储备计划及资金需求，并配合财政部门做好土地储备专项债券额度管理及发行等相关工作。

省级国土资源主管部门负责制定本行政辖区内土地储备监管制度，对土地储备业务进行政策和业务指导，监管土地储备机构及本地区土地储备业务运行情况，审核土地储备机构名录、土地储备规模、资金及专项债券的需求，配合财政部门做好土地储备专项债券额度分配及发行等相关工作。

财政部门负责审核土地储备资金收支预决算、监督管理资金支付和收缴及土地储备专项债券发行、还本付息等工作。

（二十三）各级国土资源主管部门、财政部门、中国人民银行分支机构和银行业监督管理部门应建立符合本地实际的联合监管机制。按照职责分工，对储备土地、资产、资金、专项债券进行监督和指导。

七、其他要求

（二十四）各省、自治区、直辖市及计划单列市国土资源主管部门可依据本办法规定，结合当地实际，会同当地同级财政部门、人民银行及银行业监督管理部门制定具体实施办法。

（二十五）本办法由国土资源部会同财政部、中国人民银行及中国银行业监督管理委员会负责解释。

（二十六）本办法自发布之日起实施，有效期5年。《国土资源部 财政部 中国人民银行关于印发〈土地储备管理办法〉的通知》（国土资发〔2007〕277号）同时废止。

土地储备资金财务管理办法

关于印发《土地储备资金财务管理办法》的通知

财综〔2018〕8号

各省、自治区、直辖市、计划单列市财政厅（局）、国土资源主管部门，新疆生产建设兵团财政局、国土资源局：

为规范土地储备管理行为，加强土地储备资金财务管理，根据《预算法》、《国务院办公厅关于规范国有土地使用权出让收支管理的通知》（国办发〔2006〕100号）、《国务院关于加强地方政府性债务管理的意见》（国发〔2014〕43号）等有关规定，我们制定了《土地储备资金财务管理办法》。现印发给你们，请遵照执行。执行中如有问题，请及时向财政部、国土资源部反映。

财政部 国土资源部
2018年1月17日

第一章 总 则

第一条 为规范土地储备行为，加强土地储备资金财务管理，根据《预算法》、《国务院办公厅关于规范国有土地使用权出让收支管理的通知》（国办发〔2006〕100号）、《国务院关于加强地方政府性债务管理的意见》（国发〔2014〕43号）等有关规定，制定本办法。

第二条 本办法适用于土地储备资金财务收支活动。

第三条 本办法所称土地储备资金是指纳入国土资源部名录管理的土地储备机构按照国家有关规定征收、收购、优先购买、收回土地以及对其进行前期开发等所需的资金。

第四条 土地储备资金实行专款专用、分账核算，并实行预决算管理。

第二章 土地储备资金来源

第五条 土地储备资金来源于下列渠道：

（一）财政部门从已供应储备土地产生的土地出让收入中安排给土地储备机构的征地和拆迁补偿费用、土地开发费用等储备土地过程中发生的相关费用；

（二）财政部门从国有土地收益基金中安排用于土地储备的资金；

（三）发行地方政府债券筹集的土地储备资金；

（四）经财政部门批准可用于土地储备的其他财政资金。

第六条 财政部门根据土地储备的需要以及预算安排，及时下达用于土地储备的各项资金。

第七条 土地储备专项债券的发行主体为省级人民政府。土地储备专项债券资金由财政部门纳入政府性基金预算管理，并由土地储备机构专项用于土地储备，具体资金拨付、使用、预决算管理严格执行财政部、国土资源部关于地方政府土地储备专项债券管理的规定。

第三章 土地储备资金使用范围

第八条 土地储备资金使用范围具体包括：

（一）征收、收购、优先购买或收回土地需要支付的土地价款或征地和拆迁补偿费用。包括土地补偿费和安置补助费、地上附着物和青苗补偿费、拆迁补偿费，以及依法需要支付的与征收、收购、优先购买或收回土地有关的其他费用。

（二）征收、收购、优先购买或收回土地后进行必要的前期土地开发费用。储备土地的前期开发，仅限于与储备宗地相关的道路、供水、供电、供气、排水、通讯、照明、绿化、土地平整等基础设施建设支出。

（三）按照财政部关于规范土地储备和资金管理的规定需要偿还的土地储备存量贷款本金和利息支出。

（四）经同级财政部门批准的与土地储备有关的其他费用。包括土地储备工作中发生的地籍调查、土地登记、地价评估以及管护中围栏、围墙等建设等支出。

第九条 土地储备机构用于征地和拆迁补偿费用以及土地开发费用支出，应当严格按照国家规范国有土地使用权出让收支管理的有关规定执行。

第四章 土地储备相关资金管理

第十条 土地储备机构所需的日常经费，应当与土地储备资金实行分账核算，不得相互混用。

第十一条　土地储备机构在持有储备土地期间，临时利用土地取得的零星收入（不含供应储备土地取得的全部土地出让收入，以下简称土地储备零星收入），包括下列范围：

（一）出租储备土地取得的收入；

（二）临时利用储备土地取得的收入；

（三）储备土地的地上建筑物及附着物残值变卖收入；

（四）其他收入。

第十二条　土地储备零星收入全部缴入同级国库，纳入一般公共预算，实行"收支两条线"管理。

第十三条　土地储备零星收入缴入同级国库时，填列政府收支分类科目103类"非税收入"07款"国有资源（资产）有偿使用收入"99项"其他国有资源（资产）有偿使用收入"科目。土地储备零星收入实行国库集中收缴，缴入同级国库的具体方式，按照省、自治区、直辖市、计划单列市财政部门规定执行。

第五章　土地储备资金收支预决算及绩效管理

第十四条　土地储备机构应当于每年第三季度参照本年度土地储备计划，按宗地或项目编制下一年度土地储备资金收支项目预算草案，经主管部门审核后，报同级财政部门审定。其中：属于政府采购和政府购买服务范围的，应当按照规定分别编制政府采购和政府购买服务预算。

第十五条　同级财政部门应当及时批复土地储备机构土地

储备资金收支项目预算。

第十六条 土地储备机构应当严格按照同级财政部门批复的预算执行，并根据土地收购储备的工作进度，提出用款申请，经主管部门审核后，报同级财政部门审批，资金支付按照国库集中支付制度的有关规定执行。

第十七条 土地储备资金收支项目预算确需调剂的，应当按照国家有关预算调剂的规定执行。

第十八条 每年年度终了，土地储备机构应当按照同级财政部门规定，向主管部门报送土地储备资金收支项目决算草案，并详细提供宗地或项目支出情况，经主管部门审核后，报同级财政部门审核。

土地储备资金收支项目决算草案的审核，也可委托具有良好信誉、执业质量高的会计师事务所等相关中介机构实施。

第十九条 土地储备机构从财政部门拨付的土地出让收入中安排用于征地和拆迁补偿、土地开发等的支出，按照支出性质，分别填列政府收支分类科目支出功能分类212类"城乡社区支出"08款"国有土地使用权出让收入及对应专项债务收入安排的支出"01项"征地和拆迁补偿支出"和02项"土地开发支出"等相关科目。同时，分别填列支出经济分类科目310类"资本性支出"09款"土地补偿"、10款"安置补助"、11款"地上附着物和青苗补偿"、12款"拆迁补偿"，以及310类"资本性支出"05款"基础设施建设"支出科目。

第二十条 土地储备机构从国有土地收益基金收入中安排用于土地储备的支出，按照支出性质，分别填列政府收支分类科目支出功能分类212类"城乡社区支出"10款"国有土地收益基金及对应专项债务收入安排的支出"01项"征地和拆迁补偿支出"和02项"土地开发支出"科目。同时，分别填列支出经济分类310类"资本性支出"09款"土地补偿"、10款"安置补助"、11款"地上附着物和青苗补偿"、12款"拆迁补偿"，以及310类"资本性支出"05款"基础设施建设"支出科目。

第二十一条　土地储备机构日常经费预决算管理，按照《预算法》和同级财政部门的规定执行。

第二十二条　土地储备资金会计核算办法，按照财政部规定执行。具体办法由财政部另行制定。

第二十三条　土地储备机构所在地财政部门会同国土资源主管部门应当组织实施对土地储备资金的绩效评价工作，按要求编制绩效目标，做好绩效目标执行监控，建立完善的绩效评价制度，并将绩效评价结果作为财政部门安排年度土地储备资金收支项目预算的依据。

第六章　监督检查

第二十四条　各级财政、国土资源管理部门应当加强对土地储备资金使用情况、土地储备零星收入缴入国库情况以及土地储备机构执行会计核算制度、政府采购制度等的监督检查，确保土地储备资金专款专用，督促土地储备机构及时足额缴纳土地储备零星收入，努力提高土地储备资金管理效率。

第二十五条　土地储备机构应当严格执行本办法规定，自觉接受财政部门、国土资源管理部门和审计机关的监督检查。

第二十六条 任何单位和个人违反本办法规定的，按照《财政违法行为处罚处分条例》等国家有关规定追究法律责任，涉嫌犯罪的，依法移送司法机关处理。

各级财政部门、国土资源管理部门在土地储备资金审批、分配工作中，存在违反本办法及其他滥用职权、玩忽职守、徇私舞弊等违法违纪行为的，按照《预算法》、《公务员法》、《行政监察法》、《财政违法行为处罚处分条例》等国家有关规定追究相应责任；涉嫌犯罪的，依法移送司法机关处理。

第七章 附 则

第二十七条 各省、自治区、直辖市及计划单列市财政部门应当会同国土资源管理部门根据本办法，结合本地区实际情况，制定具体实施办法，并报财政部、国土资源部备案。

第二十八条 本办法由财政部会同国土资源部负责解释。

第二十九条 本办法自2018年2月1日起施行。2007年6月12日财政、国土资源部发布的《土地储备资金财务管理暂行办法》（财综〔2007〕17号）同时废止。

关于规范土地储备和资金管理等相关问题的通知

财综〔2016〕4号

各省、自治区、直辖市、计划单列市财政厅（局）、国土资源主管部门，新疆生产建设兵团财务局、国土资源局，中国人民银行上海总部，各分行、营业管理部，省会（首府）城市中心支行、副省级城市中心支行，各省、自治区、直辖市银监局：

　　根据《预算法》以及《中共中央 国务院关于分类推进事业单位改革的指导意见》、《国务院关于加强地方政府性债务管理的意见》（国发〔2014〕43号）等有关规定，为规范土地储备和资金管理行为，促进土地储备健康发展，现就有关问题通知如下：

　　一、清理压缩现有土地储备机构

　　各地区应当结合事业单位分类改革，对现有土地储备机构进行全面清理。为提高土地储备工作效率，精简机构和人员，每个县级以上（含县级）法定行政区划原则上只能设置一个土地储备机构，统一隶属于所在行政区划国土资源主管部门管理。对于重复设置的土地储备机构，应当在压缩归并的基础上，按规定重新纳入土地储备名录管理。鉴于土地储备机构承担的依法取得土地、进行前期开发、储存以备供应土地等工作主要是为政府部门行使职能提供支持保障，不能或不宜由市场配置资源,因此,按照事业单位分类改革的原则,各地区应当将土地储备机构统一划为公益一类事业单位。各地区应当将现有土地储备机构中从事政府融资、土建、基础设施建设、土地二级开发业务部分,从现有土地储备机构中剥离出去或转为企业,上述业务对应的人员、资产和债务等也相应剥离或划转。上述工作由地方各级国土资源主管部门商同级财政部门、人民银行分支机构、银监部门等机构提出具体意见,经同级人民政府批准后实施,并于2016年12月31日前完成。

二、进一步规范土地储备行为

按照《国土资源部 财政部 人民银行关于印发〈土地储备管理办法〉的通知》(国土资发〔2007〕277号)和《国土资源部 财政部 人民银行 银监会关于加强土地储备与融资管理的通知》(国土资发〔2012〕162号)的规定,各地区应当进一步规范土地储备行为。土地储备工作只能由纳入名录管理的土地储备机构承担,各类城投公司等其他机构一律不得再从事新增土地储备工作。土地储备机构不得在土地储备职能之外,承担与土地储备职能无关的事务,包括城市基础设施建设、城镇保障性安居工程建设等事务,已经承担的上述事务应当按照本通知第一条规定限期剥离和划转。

三、合理确定土地储备总体规模

各地土地储备总体规模,应当根据当地经济发展水平、当地财力状况、年度土地供应量、年度地方政府债务限额、地方政府还款能力等因素确定。现有土地储备规模偏大的,要加快已储备土地的前期开发和供应进度,相应减少或停止新增以后年度土地储备规模，避免由于土地储备规模偏大而形成土地资源利用不充分和地方政府债务压力。

四、妥善处置存量土地储备债务

对清理甄别后认定为地方政府债务的截至2014年12月31日的存量土地储备贷款，应纳入政府性基金预算管理，偿债资金通过政府性基金预算统筹安排，并逐步发行地方政府债券予以置换。

五、调整土地储备筹资方式

土地储备机构新增土地储备项目所需资金，应当严格按照规定纳入政府性基金预算，从国有土地收益基金、土地出让收入和其他财政资金中统筹安排，不足部分在国家核定的债务限额内通过省级政府代发地方政府债券筹集资金解决。自2016年1月1日起，各地不得再向银行业金融机构举借土地储备贷款。地方政府应在核定的债务限额内，根据本地区土地储备相关政府性基金收入、地方政府性债务风险等因素，合理安排年度用于土地储备的债券发行规模和期限。

六、规范土地储备资金使用管理

根据《预算法》等法律法规规定，从2016年1月1日起，土地储备资金从以下渠道筹集：一是财政部门从已供应储备土地产生的土地出让收入中安排给土地储备机构的征地和拆迁补偿费用、土地开发费用等储备土地过程中发生的相关费用。二是财政部门从国有土地收益基金中安排用于土地储备的资金。三是发行地方政府债券筹集的土地储备资金。四是经财政部门批准可用于土地储备的其他资金。五是上述资金产生的利息收入。土地储备资金主要用于征收、收购、优先购买、收回土地以及储备土地供应前的前期开发等土地储备开支，不得用于土地储备机构日常经费开支。土地储备机构所需的日常经费，应当与土地储备资金实行分账核算，不得相互混用。

土地储备资金的使用范围包括：

（一）征收、收购、优先购买或收回土地需要支付的土地价款或征地和拆迁补偿费用。包括土地补偿费和安置补助费、地上附着物和青苗补偿费、拆迁补偿费，以及依法需要支付的与征收、收购、优先购买或收回土地有关的其他费用。

（二）征收、收购、优先购买或收回土地后进行必要的前期土地开发费用。储备土地的前期开发，仅限于与储备宗地相关的道路、供水、供电、供气、排水、通讯、照明、绿化、土地平整等基础设施建设。各地不得借土地储备前期开发，搭车进行与储备宗地无关的上述相关基础设施建设。

（三）按照本通知规定需要偿还的土地储备存量贷款本金和利息支出。

（四）经同级财政部门批准的与土地储备有关的其他支出。包括土地储备工作中发生的地籍调查、土地登记、地价评估以及管护中围栏、围墙等建设等支出。

七、推动土地收储政府采购工作

地方国土资源主管部门应当积极探索政府购买土地征收、收购、收回涉及的拆迁安置补偿服务。土地储备机构应当积极探索通过政府采购实施储备土地的前期开发，包括与储备宗地相关的道路、供水、供电、供气、排水、通讯、照明、绿化、土地平整等基础设施建设。地方财政部门、国土资源主管部门应当会同辖区内土地储备机构制定项目管理办法，并向社会公布项目实施内容、承接主体或供应商条件、绩效评价标准、最终结果、取得成效等相关信息，严禁层层转包。项目承接主体或供应商应当严格履行合同义务，按合同约定数额获取报酬，不得与土地使用权出让收入挂钩，也不得以项目所涉及的土地名义融资或者变相融资。对于违反规定的行为，将按照《预算法》、《政府采购法》、《政府采购法实施条例》、《政府购买服务管理办法（暂行）》等规定进行处理。

八、加强土地储备项目收支预决算管理

土地储备机构应当于每年第三季度根据当地经济发展水平、上年度地方财力状况、近三年土地供应量、上年度地方政府债务限额、地方政府还款能力等因素，按照宗地编制下一年度土地储备资金收支项目预算，经主管部门审核后，报同级财政部门审定。其中：属于政府采购范围的应当按照规定编制政府采购预算，属于政府购买服务项目的应当同时编制政府购买服务预算，并严格按照有关规定执行。地方财政部门应当认真审核土地储备资金收支预算，统筹安排政府性基金预算、地方政府债券收入和存量贷款资金。土地储备支出首先从国有土地收益基金、土地出让收入、存量贷款资金中安排，不足部分再通过省级政府发行的地方政府债券筹集资金解决。财政部门应当及时批复土地储备机构土地储备项目收支预算。

土地储备机构应当严格按照同级财政部门批复的预算执行，并根据土地收购储备的工作进度，提出用款申请，经主管部门审核后，报同级财政部门审批。其中：属于财政性资金的土地储备支出，按照财政国库管理制度的有关规定执行。土地储备机构需要调整土地储备资金收支项目预算的，应当按照规定编制预算调整方案，经主管部门审核后，按照规定程序报同级财政部门批准后执行。

每年年度终了，土地储备机构要按照同级财政部门规定，向同级财政部门报送土地储备资金收支项目决算，并详细提供宗地支出情况。土地储备资金收支项目决算由同级财政部门负责审核或者由具有良好信誉、执业质量高的会计师事务所等相关中介机构进行审核。

土地储备机构应当按照国家关于资产管理的有关规定，做好土地储备资产的登记、核算、评估等各项工作。

九、落实好相关部门责任

规范土地储备和资金管理行为，是进一步完善土地储备制度，促进土地储备健康发展的重要举措。各级财政、国土资源部门和人民银行分支机构、银监部门等要高度重视，密切合作，周密部署，强化督导，确保上述各项工作顺利实施。

财政部、国土资源部、人民银行、银监会将按照职责分工，会同有关部门抓紧修订《土地储备管理办法》、《土地储备资金财务管理暂行办法》、《土地储备资金会计核算办法（试行）》、《土地储备统计报表》等相关制度。

省级财政、国土资源主管部门和人民银行分支机构、银监部门应当加强对市县土地储备和资金管理工作的指导，督促市县相关部门认真贯彻落实本通知规定，并于 2017 年 3 月 31 日前，将本地区贯彻落实情况以书面形式报告财政部、国土资源部、人民银行和银监会。

此前土地储备和资金管理的相关规定与本通知规定不一致的，以本通知规定为准。

财政部　国土资源部　中国人民银行　银监会

2016年2月2日

土地调查条例

中华人民共和国国务院令

第698号

现公布《国务院关于修改和废止部分行政法规的决定》,自公布之日起施行。

总理 李克强

2018年3月19日

(2008年2月7日中华人民共和国国务院令第518号公布;根据2016年2月6日中华人民共和国国务院令第666号修改;根据2018年3月19日中华人民共和国国务院令第698号修改)

第一章 总 则

第一条 为了科学、有效地组织实施土地调查,保障土地调查数据的真实性、准确性和及时性,根据《中华人民共和国土地管理法》和《中华人民共和国统计法》,制定本条例。

第二条 土地调查的目的,是全面查清土地资源和利用状况,掌握真实准确的土地基础数据,为科学规划、合理利用、有效保护土地资源,实施最严格的耕地保护制度,加强和改善宏观调控提供依据,促进经济社会全面协调可持续发展。

第三条 土地调查工作按照全国统一领导、部门分工协作、地方分级负责、各方共同参与的原则组织实施。

第四条 土地调查所需经费,由中央和地方各级人民政府共同负担,列入相应年度的财政预算,按时拨付,确保足额到位。

土地调查经费应当统一管理、专款专用、从严控制支出。

第五条 报刊、广播、电视和互联网等新闻媒体,应当及时开展土地调查工作的宣传报道。

第二章 土地调查的内容和方法

第六条 国家根据国民经济和社会发展需要,每10年进行一次全国土地调查;根据土地管理工作的需要,每年进行土地变更调查。

第七条 土地调查包括下列内容:

(一)土地利用现状及变化情况,包括地类、位置、面积、分布等状况;

（二）土地权属及变化情况，包括土地的所有权和使用权状况；

（三）土地条件，包括土地的自然条件、社会经济条件等状况。

进行土地利用现状及变化情况调查时，应当重点调查基本农田现状及变化情况，包括基本农田的数量、分布和保护状况。

第八条 土地调查采用全面调查的方法，综合运用实地调查统计、遥感监测等手段。

第九条 土地调查采用《土地利用现状分类》国家标准、统一的技术规程和按照国家统一标准制作的调查基础图件。

土地调查技术规程，由国务院国土资源主管部门会同国务院有关部门制定。

第三章 土地调查的组织实施

第十条 县级以上人民政府国土资源主管部门会同同级有关部门进行土地调查。

乡（镇）人民政府、街道办事处和村（居）民委员会应当广泛动员和组织社会力量积极参与土地调查工作。

第十一条 县级以上人民政府有关部门应当积极参与和密切配合土地调查工作，依法提供土地调查需要的相关资料。

社会团体以及与土地调查有关的单位和个人应当依照本条例的规定，配合土地调查工作。

第十二条 全国土地调查总体方案由国务院国土资源主管部门会同国务院有关部门拟订,报国务院批准。县级以上地方人民政府国土资源主管部门会同同级有关部门按照国家统一要求,根据本行政区域的土地利用特点,编制地方土地调查实施方案,上一级人民政府国土资源主管部门备案。

第十三条 在土地调查中,需要面向社会选择专业调查队伍承担的土地调查任务,应当通过招标投标方式组织实施。

承担土地调查任务的单位应当具备以下条件:

(一)具有法人资格;

(二)有与土地调查相关的工作业绩;

(三)有完备的技术和质量管理制度;

(四)有经过培训且考核合格的专业技术人员。

国务院国土资源主管部门应当会同国务院有关部门加强对承担土地调查任务单位的监管和服务。

第十四条 土地调查人员应当坚持实事求是,恪守职业道德,具有执行调查任务所需要的专业知识。

土地调查人员应当接受业务培训,经考核合格领取全国统一的土地调查员工作证。

第十五条 土地调查人员应当严格执行全国土地调查总体方案和地方土地调查实施方案、《土地利用现状分类》国家标准和统一的技术规程,不得伪造、篡改调查资料,不得强令、授意调查对象提供虚假的调查资料。

土地调查人员应当对其登记、审核、录入的调查资料与现场调查资料的一致性负责。

第十六条 土地调查人员依法独立行使调查、报告、监督和检查职权，有权根据工作需要进行现场调查，并按照技术规程进行现场作业。

土地调查人员有权就与调查有关的问题询问有关单位和个人，要求有关单位和个人如实提供相关资料。

土地调查人员进行现场调查、现场作业以及询问有关单位和个人时，应当出示土地调查员工作证。

第十七条 接受调查的有关单位和个人应当如实回答询问，履行现场指界义务，按照要求提供相关资料，不得转移、隐匿、篡改、毁弃原始记录和土地登记簿等相关资料。

第十八条 各地方、各部门、各单位的负责人不得擅自修改土地调查资料、数据，不得强令或者授意土地调查人员篡改调查资料、数据或者编造虚假数据，不得对拒绝、抵制篡改调查资料、数据或者编造虚假数据的土地调查人员打击报复。

第四章 调查成果处理和质量控制

第十九条 土地调查形成下列调查成果：

（一）数据成果；

（二）图件成果；

（三）文字成果；

（四）数据库成果。

第二十条 土地调查成果实行逐级汇交、汇总统计制度。

土地调查数据的处理和上报应当按照全国土地调查总体方案和有关标准进行。

第二十一条 县级以上地方人民政府对本行政区域的土地调查成果质量负总责,主要负责人是第一责任人。

县级以上人民政府国土资源主管部门会同同级有关部门对调查的各个环节实行质量控制,建立土地调查成果质量控制岗位责任制,切实保证调查的数据、图件和被调查土地实际状况三者一致,并对其加工、整理、汇总的调查成果的准确性负责。

第二十二条 国务院国土资源主管部门会同国务院有关部门统一组织土地调查成果质量的抽查工作。抽查结果作为评价土地调查成果质量的重要依据。

第二十三条 土地调查成果实行分阶段、分级检查验收制度。前一阶段土地调查成果经检查验收合格后,方可开展下一阶段的调查工作。

土地调查成果检查验收办法,由国务院国土资源主管部门会同国务院有关部门制定。

第五章 调查成果公布和应用

第二十四条 国家建立土地调查成果公布制度。

土地调查成果应当向社会公布,并接受公开查询,但依法应当保密的除外。

第二十五条 全国土地调查成果,报国务院批准后公布。

地方土地调查成果，经本级人民政府审核，报上一级人民政府批准后公布。

全国土地调查成果公布后，县级以上地方人民政府方可逐级依次公布本行政区域的土地调查成果。

第二十六条 县级以上人民政府国土资源主管部门会同同级有关部门做好土地调查成果的保存、管理、开发、应用和为社会公众提供服务等工作。

国家通过土地调查，建立互联共享的土地调查数据库，并做好维护、更新工作。

第二十七条 土地调查成果是编制国民经济和社会发展规划以及从事国土资源规划、管理、保护和利用的重要依据。

第二十八条 土地调查成果应当严格管理和规范使用，不作为依照其他法律、行政法规对调查对象实施行政处罚的依据，不作为划分部门职责分工和管理范围的依据。

第六章 表彰和处罚

第二十九条 对在土地调查工作中做出突出贡献的单位和个人，应当按照国家有关规定给予表彰或者奖励。

第三十条 地方、部门、单位的负责人有下列行为之一的，依法给予处分；构成犯罪的，依法追究刑事责任：

（一）擅自修改调查资料、数据的；

（二）强令、授意土地调查人员篡改调查资料、数据或者编造虚假数据的；

（三）对拒绝、抵制篡改调查资料、数据或者编造虚假数据的土地调查人员打击报复的。

第三十一条 土地调查人员不执行全国土地调查总体方案和地方土地调查实施方案、《土地利用现状分类》国家标准和统一的技术规程，或者伪造、篡改调查资料，或者强令、授意接受调查的有关单位和个人提供虚假调查资料的，依法给予处分，并由县级以上人民政府国土资源主管部门、统计机构予以通报批评。

第三十二条 接受调查的单位和个人有下列行为之一的，由县级以上人民政府国土资源主管部门责令限期改正，可以处5万元以下的罚款；构成违反治安管理行为的，由公安机关依法给予治安管理处罚；构成犯罪的，依法追究刑事责任：

（一）拒绝或者阻挠土地调查人员依法进行调查的；

（二）提供虚假调查资料的；

（三）拒绝提供调查资料的；

（四）转移、隐匿、篡改、毁弃原始记录、土地登记簿等相关资料的。

第三十三条 县级以上地方人民政府有下列行为之一的，由上级人民政府予以通报批评；情节严重的，对直接负责的主管人员和其他直接责任人员依法给予处分：

（一）未按期完成土地调查工作，被责令限期完成，逾期仍未完成的；

（二）提供的土地调查数据失真，被责令限期改正，逾期仍未改正的。

第七章 附 则

第三十四条 军用土地调查，由国务院国土资源主管部门会同军队有关部门按照国家统一规定和要求制定具体办法。

中央单位使用土地的调查数据汇总内容的确定和成果的应用管理，由国务院国土资源主管部门会同国务院管理机关事务工作的机构负责。

第三十五条 县级以上人民政府可以按照全国土地调查总体方案和地方土地调查实施方案成立土地调查领导小组，组织和领导土地调查工作。必要时，可以设立土地调查领导小组办公室负责土地调查日常工作。

第三十六条 本条例自公布之日起施行。

附 录

土地调查条例实施办法

中华人民共和国国土资源部令

第 45 号

《土地调查条例实施办法》,已经 2009 年 5 月 31 日国土资源部第 9 次部务会议审议通过,现予公布,自公布之日起施行。

国土资源部部长
二〇〇九年六月十七日

第一章 总 则

第一条 为保证土地调查的有效实施,根据《土地调查条例》(以下简称条例),制定本办法。

第二条 土地调查是指对土地的地类、位置、面积、分布等自然属性和土地权属等社会属性及其变化情况,以及基本农田状况进行的调查、监测、统计、分析的活动。

第三条 土地调查包括全国土地调查、土地变更调查和土地专项调查。

全国土地调查，是指国家根据国民经济和社会发展需要，对全国城乡各类土地进行的全面调查。

土地变更调查，是指在全国土地调查的基础上，根据城乡土地利用现状及权属变化情况，随时进行城镇和村庄地籍变更调查和土地利用变更调查，并定期进行汇总统计。

土地专项调查，是指根据国土资源管理需要，在特定范围、特定时间内对特定对象进行的专门调查，包括耕地后备资源调查、土地利用动态遥感监测和勘测定界等。

第四条 全国土地调查，由国务院全国土地调查领导小组统一组织，县级以上人民政府土地调查领导小组遵照要求实施。

土地变更调查，由国土资源部会同有关部门组织，县级以上国土资源行政主管部门会同有关部门实施。

土地专项调查，由县级以上国土资源行政主管部门组织实施。

第五条 县级以上地方国土资源行政主管部门应当配合同级财政部门，根据条例规定落实地方人民政府土地调查所需经费。必要时，可以与同级财政部门共同制定土地调查经费从新增建设用地土地有偿使用费、国有土地使用权有偿出让收入等土地收益中列支的管理办法。

第六条 在土地调查工作中作出突出贡献的单位和个人，由有关国土资源行政主管部门按照国家规定给予表彰或者奖励。

第二章 土地调查机构及人员

第七条 国务院全国土地调查领导小组办公室设在国土资源部，县级以上地方人民政府土地调查领导小组办公室设在同级国土资源行政主管部门。

县级以上国土资源行政主管部门应当明确专门机构和人员，具体负责土地变更调查和土地专项调查等工作。

第八条 土地调查人员包括县级以上国土资源行政主管部门和相关部门的工作人员，有关事业单位的人员以及承担土地调查任务单位的人员。

第九条 土地调查人员应当经过省级以上国土资源行政主管部门组织的业务培训，通过全国统一的土地调查人员考核，领取土地调查员工作证。

已取得国土资源部、人力资源和社会保障部联合颁发的土地登记代理人资格证书的人员，可以直接申请取得土地调查员工作证。

土地调查员工作证由国土资源部统一制发，按照规定统一编号管理。

第十条 承担国家级土地调查任务的单位，应当符合条例第十三条的规定，并具备以下条件：

（一）近三年内有累计合同额1000万元以上，经县级以上国土资源行政主管部门验收合格的土地调查项目；

（二）有专门的质量检验机构和专职质量检验人员，有完善有效的土地调查成果质量保证制度；

（三）近三年内无土地调查成果质量不良记录；

（四）取得土地调查员工作证的技术人员不少于20名；

（五）国土资源部规章、规范性文件规定的其他条件。

第十一条 申请列入国家级土地调查单位名录的单位，应当向国土资源部提出申请。经审核符合条例第十三条和本办法第十条规定的，由国土资源部列入国家级土地调查单位名录并公布。

列入国家级土地调查单位名录的单位，可以在全国范围内承担土地调查任务。

各省、自治区、直辖市国土资源行政主管部门可以参照本办法规定，确定并公布省级土地调查单位名录。

第十二条 土地调查单位名录实行动态管理，定期公布。

第十三条 各级国土资源行政主管部门应当根据土地调查单位名录，选取符合条件的土地调查单位承担土地调查任务。

第三章 土地调查的组织实施

第十四条 开展全国土地调查，由国土资源部会同有关部门在开始前一年度拟订全国土地调查总体方案，报国务院批准后实施。

全国土地调查总体方案应当包括调查的主要任务、时间安排、经费落实、数据要求、成果公布等内容。

第十五条 县级以上地方国土资源行政主管部门应当会同同级有关部门，根据全国土地调查总体方案和上级土地调查实施方案的要求，拟定本行政区域的土地调查实施方案，报上一级国土资源行政主管部门会同同级有关部门核准后施行。

第十六条 土地变更调查由国土资源部统一部署，以县级行政区为单位组织实施。

县级以上国土资源行政主管部门应当按照国家统一要求，组织实施土地变更调查，保持调查成果的现势性和准确性。

第十七条 土地变更调查中的城镇和村庄地籍变更调查，应当根据土地权属等变化情况，以宗地为单位，随时调查，及时变更地籍图件和数据库。

第十八条 土地变更调查中的土地利用变更调查，应当以全国土地调查和上一年度土地变更调查结果为基础，全面查清本年度本行政区域内土地利用状况变化情况，更新土地利用现状图件和土地利用数据库，逐级汇总上报各类土地利用变化数据。

土地利用变更调查的统一时点为每年12月31日。

第十九条 土地变更调查，包括下列内容：

（一）行政和权属界线变化状况；

（二）土地所有权和使用权变化情况；

（三）地类变化情况；

（四）基本农田位置、数量变化情况；

（五）国土资源部规定的其他内容。

第二十条 土地专项调查由县级以上国土资源行政主管部门组织实施，专项调查成果报上一级国土资源行政主管部门备案。

全国性的土地专项调查，由国土资源部组织实施。

第二十一条 土地调查应当执行国家统一的土地利用现状分类标准、技术规程和国土资源部的有关规定,保证土地调查数据的统一性和准确性。

第二十二条 上级国土资源行政主管部门应当加强对下级国土资源行政主管部门土地调查工作的指导,并定期组织人员进行监督检查,及时掌握土地调查进度,研究解决土地调查中的问题。

第二十三条 县级以上国土资源行政主管部门应当建立土地调查进度的动态通报制度。

上级国土资源行政主管部门应当根据全国土地调查、土地变更调查和土地专项调查确定的工作时限,定期通报各地工作的完成情况,对工作进度缓慢的地区,进行重点督导和检查。

第二十四条 从事土地调查的单位和个人,应当遵守国家有关保密的法律法规和规定。

第四章 调查成果的公布和应用

第二十五条 土地调查成果包括数据成果、图件成果、文字成果和数据库成果。

土地调查数据成果,包括各类土地分类面积数据、不同权属性质面积数据、基本农田面积数据和耕地坡度分级面积数据等。

土地调查图件成果,包括土地利用现状图、地籍图、宗地图、基本农田分布图、耕地坡度分级专题图等。

土地调查文字成果,包括土地调查工作报告、技术报告、成果分析报告和其他专题报告等。

土地调查数据库成果，包括土地利用数据库和地籍数据库等。

第二十六条 县级以上国土资源行政主管部门应当按照要求和有关标准完成数据处理、文字报告编写等成果汇总统计工作。

第二十七条 土地调查成果实行逐级汇交制度。

县级以上地方国土资源行政主管部门应当将土地调查形成的数据成果、图件成果、文字成果和数据库成果汇交上一级国土资源行政主管部门汇总。

土地调查成果汇总的内容主要包括数据汇总、图件编制、文字报告编写和成果分析等。

第二十八条 全国土地调查成果的检查验收，由各级土地调查领导小组办公室按照下列程序进行：

（一）县级组织调查单位和相关部门，对调查成果进行全面自检，形成自检报告，报市（地）级复查；

（二）市（地）级复查合格后，向省级提出预检申请；

（三）省级对调查成果进行全面检查，验收合格后上报；

（四）全国土地调查领导小组办公室对成果进行核查，根据需要对重点区域、重点地类进行抽查，形成确认意见。

第二十九条 全国土地调查成果的公布，依照条例第二十五条规定进行。

土地变更调查成果，由各级国土资源行政主管部门报本级人民政府批准后，按照国家、省、市、县的顺序依次公布。

土地专项调查成果，由有关国土资源行政主管部门公布。

第三十条 土地调查上报的成果质量实行分级负责制。县级以上国土资源行政主管部门应当对本级上报的调查成果认真核查，确保调查成果的真实、准确。

上级国土资源行政主管部门应当定期对下级国土资源行政主管部门的土地调查成果质量进行监督。

第三十一条 经依法公布的土地调查成果，是编制国民经济和社会发展规划、有关专项规划以及国土资源管理的基础和依据。

建设用地报批、土地整治项目立项以及其他需要使用土地基础数据与图件资料的活动，应当以国家确认的土地调查成果为基础依据。

各级土地利用总体规划修编，应当以经国家确定的土地调查成果为依据，校核规划修编基数。

第五章 法律责任

第三十二条 接受土地调查的单位和个人违反条例第十七条的规定，无正当理由不履行现场指界义务的，由县级以上人民政府国土资源行政主管部门责令限期改正，逾期不改正的，依照条例第三十二条的规定进行处罚。

第三十三条 承担土地调查任务的单位有下列情形之一的，县级以上国土资源行政主管部门应当责令限期改正，逾期不改正的，终止土地调查任务，该单位五年内不得列入土地调查单位名录：

（一）在土地调查工作中弄虚作假的；

（二）无正当理由，未按期完成土地调查任务的；

（三）土地调查成果有质量问题，造成严重后果的。

第三十四条 承担土地调查任务的单位不符合条例第十三条和本办法第十条规定的相关条件，弄虚作假，骗取土地调查任务的，县级以上国土资源行政主管部门应当终止该单位承担的土地调查任务，并不再将该单位列入土地调查单位名录。

第三十五条 土地调查人员违反条例第三十一条规定的，由国土资源部注销土地调查员工作证，不得再次参加土地调查人员考核。

第三十六条 国土资源行政主管部门工作人员在土地调查工作中玩忽职守、滥用职权、徇私舞弊，构成犯罪的，依法追究刑事责任；尚不构成犯罪的，依法给予行政处分。

第六章 附　则

第三十七条 本办法自公布之日起施行。

国务院关于开展第三次全国土地调查的通知

国发〔2017〕48号

各省、自治区、直辖市人民政府，国务院各部委、各直属机构：

根据《中华人民共和国土地管理法》、《土地调查条例》有关规定，国务院决定自2017年起开展第三次全国土地调查。现将有关事项通知如下：

一、调查目的和意义

土地调查是一项重大的国情国力调查，是查实查清土地资源的重要手段。开展第三次全国土地调查，目的是全面查清当前全国土地利用状况，掌握真实准确的土地基础数据，健全土地调查、监测和统计制度，强化土地资源信息社会化服务，满足经济社会发展和国土资源管理工作需要。

做好第三次全国土地调查工作，掌握真实准确的土地基础数据，是推进国家治理体系和治理能力现代化、促进经济社会全面协调可持续发展的客观要求；是加快推进生态文明建设、夯实自然资源调查基础和推进统一确权登记的重要举措；是编制国民经济和社会发展规划、加强宏观调控、推进科学决策的重要依据；是实施创新驱动发展战略、支撑新产业新业态发展、提高政府依法行政能力和国土资源管理服务水平的迫切需要；是落实最严格的耕地保护制度和最严格的节约用地制度、保障国家粮食安全和社会稳定、维护农民合法权益的重要内容；是科学规划、合理利用、有效保护国土资源的基本前提。

二、调查对象和内容

第三次全国土地调查的对象是我国陆地国土。调查内容为：土地利用现状及变化情况，包括地类、位置、面积、分布等状况；土地权属及变化情况，包括土地的所有权和使用权状况；土地条件，包括土地的自然条件、社会经济条件等状况。进行土地利用现状及变化情况调查时，应当重点调查永久基本农田现状及变化情况，包括永久基本农田的数量、分布和保护状况。

三、调查时间安排

第三次全国土地调查以 2019 年 12 月 31 日为标准时点。

2017 年第四季度开展准备工作，全面部署第三次全国土地调查，完成调查方案编制、技术规范制订以及试点、培训和宣传等工作。

2018 年 1 月至 2019 年 6 月，组织开展实地调查和数据库建设。

2019 年下半年，完成调查成果整理、数据更新、成果汇交，汇总形成第三次全国土地调查基本数据。

2020 年，汇总全国土地调查数据，形成调查数据库及管理系统，完成调查工作验收、成果发布等。

四、调查组织实施

第三次全国土地调查涉及范围广、参与部门多、工作任务重、技术要求高。各地区、各有关部门要按照"全国统一领导、部门分工协作、地方分级负责、各方共同参与"的原则组织实施调查。

为加强组织领导，国务院决定成立第三次全国土地调查领导小组，负责领导和协调解决调查工作中的重大问题。领导小组办公室设在国土资源部，负责调查工作的具体组织和协调。其中，涉及调查业务指导和检查方面的工作，由国土资源部牵头负责；涉及调查经费和物资保障方面的工作，由国家发展改革委和财政部负责协调；涉及数据统计和分析方面的工作，由国土资源部会同国家统计局负责处理。其他有关部门要各司其职、各负其责、通力协作、密切配合。地方各级人民政府要成立相应的调查领导小组及其办公室，负责本地区调查工作的组织和实施。

五、调查经费保障

本次土地调查经费由中央财政和地方财政按承担的工作任务分担。各地要多方筹措，统筹安排，列入地方财政预算，保证土地调查工作顺利进行。

六、调查工作要求

各地要加强对承担调查任务的调查队伍的监管和对调查人员的培训。各级调查机构及其工作人员必须严格按照《中华人民共和国统计法》等有关法律法规要求，按时报送调查数据，确保调查数据真实、准确、完整。任何地方、部门、单位和个人都不得虚报、瞒报、拒报、迟报，不得弄虚作假和篡改调查数据。调查成果要按程序逐级汇总上报。调查中所获得的涉密资料和数据,必须严格保密。

各地区、各有关部门要充分利用报刊、广播、电视、互联网等媒体,全面深入宣传土地调查的重要意义和要求,为调查工作顺利开展营造良好社会氛围。

国务院
2017 年 10 月 8 日

全国普法学习读本
★★★★★

农村发展法律法规读本

土地管理法律法规学习读本

土地专项管理法律法规

李勇 主编

加大全民普法力度，建设社会主义法治文化，树立宪法法律至上、法律面前人人平等的法治理念。
——中国共产党第十九次全国代表大会《决胜全面建成小康社会 夺取新时代中国特色社会主义伟大胜利》

汕头大学出版社

图书在版编目（CIP）数据

土地专项管理法律法规/李勇主编. -- 汕头：汕头大学出版社（2021.7重印）

（土地管理法律法规学习读本）

ISBN 978-7-5658-3670-1

Ⅰ.①土… Ⅱ.①李… Ⅲ.①土地管理法-基本知识-中国 Ⅳ.①D922.304

中国版本图书馆 CIP 数据核字（2018）第 143085 号

土地专项管理法律法规　　TUDI ZHUANXIANG GUANLI FALÜ FAGUI

主　　编：	李　勇
责任编辑：	邹　峰
责任技编：	黄东生
封面设计：	大华文苑
出版发行：	汕头大学出版社
	广东省汕头市大学路 243 号汕头大学校园内　邮政编码：515063
电　　话：	0754-82904613
印　　刷：	三河市南阳印刷有限公司
开　　本：	690mm×960mm 1/16
印　　张：	18
字　　数：	226 千字
版　　次：	2018 年 7 月第 1 版
印　　次：	2021 年 7 月第 2 次印刷
定　　价：	59.60 元（全 2 册）

ISBN 978-7-5658-3670-1

版权所有，翻版必究

如发现印装质量问题，请与承印厂联系退换

前 言

习近平总书记指出:"推进全民守法,必须着力增强全民法治观念。要坚持把全民普法和守法作为依法治国的长期基础性工作,采取有力措施加强法制宣传教育。要坚持法治教育从娃娃抓起,把法治教育纳入国民教育体系和精神文明创建内容,由易到难、循序渐进不断增强青少年的规则意识。要健全公民和组织守法信用记录,完善守法诚信褒奖机制和违法失信行为惩戒机制,形成守法光荣、违法可耻的社会氛围,使遵法守法成为全体人民共同追求和自觉行动。"

中共中央、国务院曾经转发了中央宣传部、司法部关于在公民中开展法治宣传教育的规划,并发出通知,要求各地区各部门结合实际认真贯彻执行。通知指出,全民普法和守法是依法治国的长期基础性工作。深入开展法治宣传教育,是全面建成小康社会和新农村的重要保障。

普法规划指出:各地区各部门要根据实际需要,从不同群体的特点出发,因地制宜开展有特色的法治宣传教育坚持集中法治宣传教育与经常性法治宣传教育相结合,深化法律进机关、进乡村、进社区、进学校、进企业、进单位的"法律六进"主题活动,完善工作标准,建立长效机制。

特别是农业、农村和农民问题,始终是关系党和人民事业发展的全局性和根本性问题。党中央、国务院发布的《关于推进社会主义新农村建设的若干意见》中明确提出要"加强农村法制建设,深入开展农村普法教育,增强农民的法制观念,提高农民依法行使权利和履行义务的自觉性。"多年普法实践证明,普及法律知识,提高法制观念，增强全社会依法办事意识具有重要作用。特别是在广大农村进行普法教育，是提高全民法律素质的需要。

多年来，我国在农村实行的改革开放取得了极大成功，农村发生了翻天覆地的变化，广大农民生活水平大大得到了提高。但是，由于历史和社会等原因，现阶段我国一些地区农民文化素质还不高，不学法、不懂法、不守法现象虽然较原来有所改变，但仍有相当一部分群众的法制观念仍很淡化，不懂、不愿借助法律来保护自身权益，这就极易受到不法的侵害，或极易进行违法犯罪活动，严重阻碍了全面建成小康社会和新农村步伐。

为此，根据党和政府的指示精神以及普法规划，特别是根据广大农村农民的现状，在有关部门和专家的指导下，特别编辑了这套《全国普法学习读本》。主要包括了广大人民群众应知应懂、实际实用的法律法规。为了辅导学习，附录还收入了相应法律法规的条例准则、实施细则、解读解答、案例分析等；同时为了突出法律法规的实际实用特点，兼顾地方性和特殊性，附录还收入了部分某些地方性法律法规以及非法律法规的政策文件、管理制度、应用表格等内容，拓展了本书的知识范围，使法律法规更"接地气"，便于读者学习掌握和实际应用。

在众多法律法规中，我们通过甄别，淘汰了废止的，精选了最新的、权威的和全面的。但有部分法律法规有些条款不适应当下情况了，却没有颁布新的，我们又不能擅自改动，只得保留原有条款，但附录却有相应的补充修改意见或通知等。众多法律法规根据不同内容和受众特点，经过归类组合，优化配套。整套普法读本非常全面系统，具有很强的学习性、实用性和指导性，非常适合用于广大农村和城乡普法学习教育与实践指导。总之，是全国全民普法的良好读本。

目 录

国有土地上房屋征收与补偿条例

第一章 总 则 …………………………………………（1）
第二章 征收决定 ………………………………………（2）
第三章 补 偿 …………………………………………（4）
第四章 法律责任 ………………………………………（7）
第五章 附 则 …………………………………………（8）
附 录
　　国有土地上房屋征收评估办法 ……………………（9）

征地拆迁政策办法

征收土地公告办法 ………………………………………（17）
国土资源部关于进一步做好征地管理工作的通知 ………（21）
关于加强监督检查进一步规范征地拆迁行为的通知 ……（26）
最高人民法院关于坚决防止土地征收、房屋拆迁强制执行
　　引发恶性事件的紧急通知 …………………………（30）
最高人民法院关于严格执行法律法规和司法解释依法
　　妥善办理征收拆迁案件的通知 ……………………（33）
最高人民法院关于在征收拆迁案件中进一步严格规范
　　司法行为积极推进"裁执分离"的通知 …………（36）

中华人民共和国城镇国有土地使用权
出让和转让暂行条例

第一章 总 则 …………………………………………（40）

第二章　土地使用权出让 ·· (41)

第三章　土地使用权转让 ·· (43)

第四章　土地使用权出租 ·· (44)

第五章　土地使用权抵押 ·· (45)

第六章　土地使用权终止 ·· (45)

第七章　划拨土地使用权 ·· (46)

第八章　附　则 ·· (47)

附　录

　　划拨土地使用权管理暂行办法 ······························· (49)

　　协议出让国有土地使用权规定 ······························· (55)

　　招标拍卖挂牌出让国有土地使用权规定 ···················· (60)

　　招标拍卖挂牌出让国有建设用地使用权规定 ··············· (67)

　　关于扩大国有土地有偿使用范围的意见 ···················· (75)

闲置土地处置办法

第一章　总　则 ·· (80)

第二章　调查和认定 ·· (81)

第三章　处置和利用 ·· (83)

第四章　预防和监管 ·· (86)

第五章　法律责任 ··· (88)

第六章　附　则 ·· (88)

建设用地计划管理办法

第一章　总　则 ·· (90)

第二章　用地计划的编制与下达 ································· (91)

第三章　用地计划管理 ··· (92)

第四章　用地计划的监督检查 ···································· (92)

第五章　附　则…………………………………………（93）
附　录
　　建设用地容积率管理办法…………………………………（94）
　　建设用地审查报批管理办法………………………………（99）
　　财政部关于城乡建设用地增减挂钩试点有关
　　　财税政策问题的通知…………………………………（106）
　　关于完善建设用地使用权转让、出租、抵押二级市场的
　　　试点方案………………………………………………（110）

农村宅基地政策

关于加强农村宅基地管理的意见……………………………（117）
国土资源部关于进一步完善农村宅基地管理制度切实
　维护农民权益的通知………………………………………（122）
国土资源部关于进一步加快宅基地和集体建设用地
　确权登记发证有关问题的通知……………………………（128）

中华人民共和国城镇土地使用税暂行条例

中华人民共和国城镇土地使用税暂行条例…………………（133）

— 3 —

国有土地上房屋征收与补偿条例

中华人民共和国国务院令

第 590 号

《国有土地上房屋征收与补偿条例》已经 2011 年 1 月 19 日国务院第 141 次常务会议通过，现予公布，自公布之日起施行。

总理　温家宝

二〇一一年一月二十一日

第一章　总　则

第一条　为了规范国有土地上房屋征收与补偿活动，维护公共利益，保障被征收房屋所有权人的合法权益，制定本条例。

第二条　为了公共利益的需要，征收国有土地上单位、个人的房屋，应当对被征收房屋所有权人（以下称被征收人）给予公平补偿。

第三条　房屋征收与补偿应当遵循决策民主、程序正当、结果公开的原则。

第四条　市、县级人民政府负责本行政区域的房屋征收与补偿工作。

市、县级人民政府确定的房屋征收部门（以下称房屋征收部门）组织实施本行政区域的房屋征收与补偿工作。

市、县级人民政府有关部门应当依照本条例的规定和本级人民政府规定的职责分工，互相配合，保障房屋征收与补偿工作的顺利进行。

第五条　房屋征收部门可以委托房屋征收实施单位，承担房屋征收与补偿的具体工作。房屋征收实施单位不得以营利为目的。

房屋征收部门对房屋征收实施单位在委托范围内实施的房屋征收与补偿行为负责监督，并对其行为后果承担法律责任。

第六条　上级人民政府应当加强对下级人民政府房屋征收与补偿工作的监督。

国务院住房城乡建设主管部门和省、自治区、直辖市人民政府住房城乡建设主管部门应当会同同级财政、国土资源、发展改革等有关部门，加强对房屋征收与补偿实施工作的指导。

第七条　任何组织和个人对违反本条例规定的行为，都有权向有关人民政府、房屋征收部门和其他有关部门举报。接到举报的有关人民政府、房屋征收部门和其他有关部门对举报应当及时核实、处理。

监察机关应当加强对参与房屋征收与补偿工作的政府和有关部门或者单位及其工作人员的监察。

第二章　征收决定

第八条　为了保障国家安全、促进国民经济和社会发展等公共利益的需要，有下列情形之一，确需征收房屋的，由市、县级人民政府作出房屋征收决定：

（一）国防和外交的需要；

（二）由政府组织实施的能源、交通、水利等基础设施建设的需要；

（三）由政府组织实施的科技、教育、文化、卫生、体育、环境和资源保护、防灾减灾、文物保护、社会福利、市政公用等公共事业的需要；

（四）由政府组织实施的保障性安居工程建设的需要；

（五）由政府依照城乡规划法有关规定组织实施的对危房集中、基础设施落后等地段进行旧城区改建的需要；

（六）法律、行政法规规定的其他公共利益的需要。

第九条 依照本条例第八条规定，确需征收房屋的各项建设活动，应当符合国民经济和社会发展规划、土地利用总体规划、城乡规划和专项规划。保障性安居工程建设、旧城区改建，应当纳入市、县级国民经济和社会发展年度计划。

制定国民经济和社会发展规划、土地利用总体规划、城乡规划和专项规划，应当广泛征求社会公众意见，经过科学论证。

第十条 房屋征收部门拟定征收补偿方案，报市、县级人民政府。

市、县级人民政府应当组织有关部门对征收补偿方案进行论证并予以公布，征求公众意见。征求意见期限不得少于30日。

第十一条 市、县级人民政府应当将征求意见情况和根据公众意见修改的情况及时公布。

因旧城区改建需要征收房屋，多数被征收人认为征收补偿方案不符合本条例规定的，市、县级人民政府应当组织由被征收人和公众代表参加的听证会，并根据听证会情况修改方案。

第十二条　市、县级人民政府作出房屋征收决定前,应当按照有关规定进行社会稳定风险评估;房屋征收决定涉及被征收人数量较多的,应当经政府常务会议讨论决定。

作出房屋征收决定前,征收补偿费用应当足额到位、专户存储、专款专用。

第十三条　市、县级人民政府作出房屋征收决定后应当及时公告。公告应当载明征收补偿方案和行政复议、行政诉讼权利等事项。

市、县级人民政府及房屋征收部门应当做好房屋征收与补偿的宣传、解释工作。

房屋被依法征收的,国有土地使用权同时收回。

第十四条　被征收人对市、县级人民政府作出的房屋征收决定不服的,可以依法申请行政复议,也可以依法提起行政诉讼。

第十五条　房屋征收部门应当对房屋征收范围内房屋的权属、区位、用途、建筑面积等情况组织调查登记,被征收人应当予以配合。调查结果应当在房屋征收范围内向被征收人公布。

第十六条　房屋征收范围确定后,不得在房屋征收范围内实施新建、扩建、改建房屋和改变房屋用途等不当增加补偿费用的行为;违反规定实施的,不予补偿。

房屋征收部门应当将前款所列事项书面通知有关部门暂停办理相关手续。暂停办理相关手续的书面通知应当载明暂停期限。暂停期限最长不得超过1年。

第三章　补　偿

第十七条　作出房屋征收决定的市、县级人民政府对被征收人给予的补偿包括:

（一）被征收房屋价值的补偿；

（二）因征收房屋造成的搬迁、临时安置的补偿；

（三）因征收房屋造成的停产停业损失的补偿。

市、县级人民政府应当制定补助和奖励办法，对被征收人给予补助和奖励。

第十八条 征收个人住宅，被征收人符合住房保障条件的，作出房屋征收决定的市、县级人民政府应当优先给予住房保障。具体办法由省、自治区、直辖市制定。

第十九条 对被征收房屋价值的补偿，不得低于房屋征收决定公告之日被征收房屋类似房地产的市场价格。被征收房屋的价值，由具有相应资质的房地产价格评估机构按照房屋征收评估办法评估确定。

对评估确定的被征收房屋价值有异议的，可以向房地产价格评估机构申请复核评估。对复核结果有异议的，可以向房地产价格评估专家委员会申请鉴定。

房屋征收评估办法由国务院住房城乡建设主管部门制定，制定过程中，应当向社会公开征求意见。

第二十条 房地产价格评估机构由被征收人协商选定；协商不成的，通过多数决定、随机选定等方式确定，具体办法由省、自治区、直辖市制定。

房地产价格评估机构应当独立、客观、公正地开展房屋征收评估工作，任何单位和个人不得干预。

第二十一条 被征收人可以选择货币补偿，也可以选择房屋产权调换。

被征收人选择房屋产权调换的，市、县级人民政府应当提供用于产权调换的房屋，并与被征收人计算、结清被征收房屋价值与用于产权调换房屋价值的差价。

因旧城区改建征收个人住宅,被征收人选择在改建地段进行房屋产权调换的,作出房屋征收决定的市、县级人民政府应当提供改建地段或者就近地段的房屋。

第二十二条 因征收房屋造成搬迁的,房屋征收部门应当向被征收人支付搬迁费;选择房屋产权调换的,产权调换房屋交付前,房屋征收部门应当向被征收人支付临时安置费或者提供周转用房。

第二十三条 对因征收房屋造成停产停业损失的补偿,根据房屋被征收前的效益、停产停业期限等因素确定。具体办法由省、自治区、直辖市制定。

第二十四条 市、县级人民政府及其有关部门应当依法加强对建设活动的监督管理,对违反城乡规划进行建设的,依法予以处理。

市、县级人民政府作出房屋征收决定前,应当组织有关部门依法对征收范围内未经登记的建筑进行调查、认定和处理。对认定为合法建筑和未超过批准期限的临时建筑的,应当给予补偿;对认定为违法建筑和超过批准期限的临时建筑的,不予补偿。

第二十五条 房屋征收部门与被征收人依照本条例的规定,就补偿方式、补偿金额和支付期限、用于产权调换房屋的地点和面积、搬迁费、临时安置费或者周转用房、停产停业损失、搬迁期限、过渡方式和过渡期限等事项,订立补偿协议。

补偿协议订立后,一方当事人不履行补偿协议约定的义务的,另一方当事人可以依法提起诉讼。

第二十六条 房屋征收部门与被征收人在征收补偿方案确定的签约期限内达不成补偿协议,或者被征收房屋所有权人不明确的,由房屋征收部门报请作出房屋征收决定的市、县级人民政府依照本条例的规定,按照征收补偿方案作出补偿决定,并在房屋征收范围内予以公告。

补偿决定应当公平，包括本条例第二十五条第一款规定的有关补偿协议的事项。

被征收人对补偿决定不服的，可以依法申请行政复议，也可以依法提起行政诉讼。

第二十七条 实施房屋征收应当先补偿、后搬迁。

作出房屋征收决定的市、县级人民政府对被征收人给予补偿后，被征收人应当在补偿协议约定或者补偿决定确定的搬迁期限内完成搬迁。

任何单位和个人不得采取暴力、威胁或者违反规定中断供水、供热、供气、供电和道路通行等非法方式迫使被征收人搬迁。禁止建设单位参与搬迁活动。

第二十八条 被征收人在法定期限内不申请行政复议或者不提起行政诉讼，在补偿决定规定的期限内又不搬迁的，由作出房屋征收决定的市、县级人民政府依法申请人民法院强制执行。

强制执行申请书应当附具补偿金额和专户存储账号、产权调换房屋和周转用房的地点和面积等材料。

第二十九条 房屋征收部门应当依法建立房屋征收补偿档案，并将分户补偿情况在房屋征收范围内向被征收人公布。

审计机关应当加强对征收补偿费用管理和使用情况的监督，并公布审计结果。

第四章 法律责任

第三十条 市、县级人民政府及房屋征收部门的工作人员在房屋征收与补偿工作中不履行本条例规定的职责，或者滥用职权、玩忽职守、徇私舞弊的，由上级人民政府或者本级人民政府责令改正，通报批评；造成损失的，依法承担赔偿责任；对直接负责的主管人员和其他直接责任人员，依法给予处分；构成犯罪的，依法追究刑事责任。

第三十一条 采取暴力、威胁或者违反规定中断供水、供热、供气、供电和道路通行等非法方式迫使被征收人搬迁，造成损失的，依法承担赔偿责任；对直接负责的主管人员和其他直接责任人员，构成犯罪的，依法追究刑事责任；尚不构成犯罪的，依法给予处分；构成违反治安管理行为的，依法给予治安管理处罚。

第三十二条 采取暴力、威胁等方法阻碍依法进行的房屋征收与补偿工作，构成犯罪的，依法追究刑事责任；构成违反治安管理行为的，依法给予治安管理处罚。

第三十三条 贪污、挪用、私分、截留、拖欠征收补偿费用的，责令改正，追回有关款项，限期退还违法所得，对有关责任单位通报批评、给予警告；造成损失的，依法承担赔偿责任；对直接负责的主管人员和其他直接责任人员，构成犯罪的，依法追究刑事责任；尚不构成犯罪的，依法给予处分。

第三十四条 房地产价格评估机构或者房地产估价师出具虚假或者有重大差错的评估报告的，由发证机关责令限期改正，给予警告，对房地产价格评估机构并处5万元以上20万元以下罚款，对房地产估价师并处1万元以上3万元以下罚款，并记入信用档案；情节严重的，吊销资质证书、注册证书；造成损失的，依法承担赔偿责任；构成犯罪的，依法追究刑事责任。

第五章 附 则

第三十五条 本条例自公布之日起施行。2001年6月13日国务院公布的《城市房屋拆迁管理条例》同时废止。本条例施行前已依法取得房屋拆迁许可证的项目，继续沿用原有的规定办理，但政府不得责成有关部门强制拆迁。

附 录

国有土地上房屋征收评估办法

住房和城乡建设部
关于印发《国有土地上房屋征收评估办法》的通知
建房〔2011〕77号

各省、自治区住房城乡建设厅,直辖市住房城乡建设委员会(房地局),新疆生产建设兵团建设局:

  根据《国有土地上房屋征收与补偿条例》,我部制定了《国有土地上房屋征收评估办法》。现印发给你们,请遵照执行。

中华人民共和国住房和城乡建设部
二〇一一年六月三日

  第一条 为规范国有土地上房屋征收评估活动,保证房屋征收评估结果客观公平,根据《国有土地上房屋征收与补偿条例》,制定本办法。

  第二条 评估国有土地上被征收房屋和用于产权调换房屋的价值,测算被征收房屋类似房地产的市场价格,以及对相关评估结果进行复核评估和鉴定,适用本办法。

第三条 房地产价格评估机构、房地产估价师、房地产价格评估专家委员会（以下称评估专家委员会）成员应当独立、客观、公正地开展房屋征收评估、鉴定工作，并对出具的评估、鉴定意见负责。

任何单位和个人不得干预房屋征收评估、鉴定活动。与房屋征收当事人有利害关系的，应当回避。

第四条 房地产价格评估机构由被征收人在规定时间内协商选定；在规定时间内协商不成的，由房屋征收部门通过组织被征收人按照少数服从多数的原则投票决定，或者采取摇号、抽签等随机方式确定。具体办法由省、自治区、直辖市制定。

房地产价格评估机构不得采取迎合征收当事人不当要求、虚假宣传、恶意低收费等不正当手段承揽房屋征收评估业务。

第五条 同一征收项目的房屋征收评估工作，原则上由一家房地产价格评估机构承担。房屋征收范围较大的，可以由两家以上房地产价格评估机构共同承担。

两家以上房地产价格评估机构承担的，应当共同协商确定一家房地产价格评估机构为牵头单位；牵头单位应当组织相关房地产价格评估机构就评估对象、评估时点、价值内涵、评估依据、评估假设、评估原则、评估技术路线、评估方法、重要参数选取、评估结果确定方式等进行沟通，统一标准。

第六条 房地产价格评估机构选定或者确定后，一般由房屋征收部门作为委托人，向房地产价格评估机构出具房屋征收评估委托书，并与其签订房屋征收评估委托合同。

房屋征收评估委托书应当载明委托人的名称、委托的房地产价格评估机构的名称、评估目的、评估对象范围、评估要求以及委托日期等内容。

房屋征收评估委托合同应当载明下列事项：

（一）委托人和房地产价格评估机构的基本情况；

（二）负责本评估项目的注册房地产估价师；

（三）评估目的、评估对象、评估时点等评估基本事项；

（四）委托人应提供的评估所需资料；

（五）评估过程中双方的权利和义务；

（六）评估费用及收取方式；

（七）评估报告交付时间、方式；

（八）违约责任；

（九）解决争议的方法；

（十）其他需要载明的事项。

第七条 房地产价格评估机构应当指派与房屋征收评估项目工作量相适应的足够数量的注册房地产估价师开展评估工作。

房地产价格评估机构不得转让或者变相转让受托的房屋征收评估业务。

第八条 被征收房屋价值评估目的应当表述为"为房屋征收部门与被征收人确定被征收房屋价值的补偿提供依据，评估被征收房屋的价值"。

用于产权调换房屋价值评估目的应当表述为"为房屋征收部门与被征收人计算被征收房屋价值与用于产权调换房屋价值的差价提供依据，评估用于产权调换房屋的价值"。

第九条 房屋征收评估前，房屋征收部门应当组织有关单位对被征收房屋情况进行调查，明确评估对象。评估对象应当全面、客观，不得遗漏、虚构。

房屋征收部门应当向受托的房地产价格评估机构提供征收范围内房屋情况，包括已经登记的房屋情况和未经登记建筑的认定、处理结果情况。调查结果应当在房屋征收范围内向被征收人公布。

对于已经登记的房屋，其性质、用途和建筑面积，一般以房屋权属证书和房屋登记簿的记载为准；房屋权属证书与房屋登记簿的记载不一致的，除有证据证明房屋登记簿确有错误外，以房屋登记簿为准。对于未经登记的建筑，应当按照市、县级人民政府的认定、处理结果进行评估。

第十条　被征收房屋价值评估时点为房屋征收决定公告之日。

用于产权调换房屋价值评估时点应当与被征收房屋价值评估时点一致。

第十一条　被征收房屋价值是指被征收房屋及其占用范围内的土地使用权在正常交易情况下，由熟悉情况的交易双方以公平交易方式在评估时点自愿进行交易的金额，但不考虑被征收房屋租赁、抵押、查封等因素的影响。

前款所述不考虑租赁因素的影响，是指评估被征收房屋无租约限制的价值；不考虑抵押、查封因素的影响，是指评估价值中不扣除被征收房屋已抵押担保的债权数额、拖欠的建设工程价款和其他法定优先受偿款。

第十二条　房地产价格评估机构应当安排注册房地产估价师对被征收房屋进行实地查勘，调查被征收房屋状况，拍摄反映被征收房屋内外部状况的照片等影像资料，做好实地查勘记录，并妥善保管。

被征收人应当协助注册房地产估价师对被征收房屋进行实地查勘，提供或者协助搜集被征收房屋价值评估所必需的情况和资料。

房屋征收部门、被征收人和注册房地产估价师应当在实地查勘记录上签字或者盖章确认。被征收人拒绝在实地查勘记录上签字或者盖章的，应当由房屋征收部门、注册房地产估价师和无利害关系的第三人见证，有关情况应当在评估报告中说明。

第十三条　注册房地产估价师应当根据评估对象和当地房地产

市场状况，对市场法、收益法、成本法、假设开发法等评估方法进行适用性分析后，选用其中一种或者多种方法对被征收房屋价值进行评估。

被征收房屋的类似房地产有交易的，应当选用市场法评估；被征收房屋或者其类似房地产有经济收益的，应当选用收益法评估；被征收房屋是在建工程的，应当选用假设开发法评估。

可以同时选用两种以上评估方法评估的，应当选用两种以上评估方法评估，并对各种评估方法的测算结果进行校核和比较分析后，合理确定评估结果。

第十四条 被征收房屋价值评估应当考虑被征收房屋的区位、用途、建筑结构、新旧程度、建筑面积以及占地面积、土地使用权等影响被征收房屋价值的因素。

被征收房屋室内装饰装修价值，机器设备、物资等搬迁费用，以及停产停业损失等补偿，由征收当事人协商确定；协商不成的，可以委托房地产价格评估机构通过评估确定。

第十五条 房屋征收评估价值应当以人民币为计价的货币单位，精确到元。

第十六条 房地产价格评估机构应当按照房屋征收评估委托书或者委托合同的约定，向房屋征收部门提供分户的初步评估结果。分户的初步评估结果应当包括评估对象的构成及其基本情况和评估价值。房屋征收部门应当将分户的初步评估结果在征收范围内向被征收人公示。

公示期间，房地产价格评估机构应当安排注册房地产估价师对分户的初步评估结果进行现场说明解释。存在错误的，房地产价格评估机构应当修正。

第十七条 分户初步评估结果公示期满后，房地产价格评估机构应当向房屋征收部门提供委托评估范围内被征收房屋的整体评估报告和分户评估报告。房屋征收部门应当向被征收人转交分户评估报告。

整体评估报告和分户评估报告应当由负责房屋征收评估项目的两名以上注册房地产估价师签字,并加盖房地产价格评估机构公章。不得以印章代替签字。

第十八条 房屋征收评估业务完成后,房地产价格评估机构应当将评估报告及相关资料立卷、归档保管。

第十九条 被征收人或者房屋征收部门对评估报告有疑问的,出具评估报告的房地产价格评估机构应当向其作出解释和说明。

第二十条 被征收人或者房屋征收部门对评估结果有异议的,应当自收到评估报告之日起10日内,向房地产价格评估机构申请复核评估。

申请复核评估的,应当向原房地产价格评估机构提出书面复核评估申请,并指出评估报告存在的问题。

第二十一条 原房地产价格评估机构应当自收到书面复核评估申请之日起10日内对评估结果进行复核。复核后,改变原评估结果的,应当重新出具评估报告;评估结果没有改变的,应当书面告知复核评估申请人。

第二十二条 被征收人或者房屋征收部门对原房地产价格评估机构的复核结果有异议的,应当自收到复核结果之日起10日内,向被征收房屋所在地评估专家委员会申请鉴定。被征收人对补偿仍有异议的,按照《国有土地上房屋征收与补偿条例》第二十六条规定处理。

第二十三条 各省、自治区住房城乡建设主管部门和设区城市的房地产管理部门应当组织成立评估专家委员会,对房地产价格评估机构做出的复核结果进行鉴定。

评估专家委员会由房地产估价师以及价格、房地产、土地、城市规划、法律等方面的专家组成。

第二十四条 评估专家委员会应当选派成员组成专家组，对复核结果进行鉴定。专家组成员为 3 人以上单数，其中房地产估价师不得少于二分之一。

第二十五条 评估专家委员会应当自收到鉴定申请之日起 10 日内，对申请鉴定评估报告的评估程序、评估依据、评估假设、评估技术路线、评估方法选用、参数选取、评估结果确定方式等评估技术问题进行审核，出具书面鉴定意见。

经评估专家委员会鉴定，评估报告不存在技术问题的，应当维持评估报告；评估报告存在技术问题的，出具评估报告的房地产价格评估机构应当改正错误，重新出具评估报告。

第二十六条 房屋征收评估鉴定过程中，房地产价格评估机构应当按照评估专家委员会要求，就鉴定涉及的评估相关事宜进行说明。需要对被征收房屋进行实地查勘和调查的，有关单位和个人应当协助。

第二十七条 因房屋征收评估、复核评估、鉴定工作需要查询被征收房屋和用于产权调换房屋权属以及相关房地产交易信息的，房地产管理部门及其他相关部门应当提供便利。

第二十八条 在房屋征收评估过程中，房屋征收部门或者被征收人不配合、不提供相关资料的，房地产价格评估机构应当在评估报告中说明有关情况。

第二十九条 除政府对用于产权调换房屋价格有特别规定外，应当以评估方式确定用于产权调换房屋的市场价值。

第三十条 被征收房屋的类似房地产是指与被征收房屋的区位、用途、权利性质、档次、新旧程度、规模、建筑结构等相同或者相似的房地产。

被征收房屋类似房地产的市场价格是指被征收房屋的类似房地

产在评估时点的平均交易价格。确定被征收房屋类似房地产的市场价格，应当剔除偶然的和不正常的因素。

第三十一条 房屋征收评估、鉴定费用由委托人承担。但鉴定改变原评估结果的，鉴定费用由原房地产价格评估机构承担。复核评估费用由原房地产价格评估机构承担。房屋征收评估、鉴定费用按照政府价格主管部门规定的收费标准执行。

第三十二条 在房屋征收评估活动中，房地产价格评估机构和房地产估价师的违法违规行为，按照《国有土地上房屋征收与补偿条例》、《房地产估价机构管理办法》、《注册房地产估价师管理办法》等规定处罚。违反规定收费的，由政府价格主管部门依照《中华人民共和国价格法》规定处罚。

第三十三条 本办法自公布之日起施行。2003年12月1日原建设部发布的《城市房屋拆迁估价指导意见》同时废止。但《国有土地上房屋征收与补偿条例》施行前已依法取得房屋拆迁许可证的项目，继续沿用原有规定。

征地拆迁政策办法

征收土地公告办法

中华人民共和国国土资源部令

第49号

《国土资源部关于修改部分规章的决定》，已经2010年11月29日国土资源部第6次部务会审议通过，现予发布，自发布之日起施行。

国土资源部部长
二〇一〇年十一月三十日

(2001年10月18日国土资源部第9次部务会议通过；根据2010年11月29日国土资源部第6次部务会审议通过的《国土资源部关于修改部分规章的决定》修改)

第一条 为规范征收土地公告工作，保护农村集体经济组织、农村村民或者其他权利人的合法权益，保障经济建设用地，根据《中华人民共和国土地管理法》和《中华人民共和国土地管理法实施条例》，制定本办法。

第二条　征收土地公告和征地补偿、安置方案公告，适用本办法。

第三条　征收农民集体所有土地的，征收土地方案和征地补偿、安置方案应当在被征收土地所在地的村、组内以书面形式公告。其中，征收乡（镇）农民集体所有土地的，在乡（镇）人民政府所在地进行公告。

第四条　被征收土地所在地的市、县人民政府应当在收到征收土地方案批准文件之日起10个工作日内进行征收土地公告，该市、县人民政府土地行政主管部门负责具体实施。

第五条　征收土地公告应当包括下列内容：

（一）征地批准机关、批准文号、批准时间和批准用途；

（二）被征收土地的所有权人、位置、地类和面积；

（三）征地补偿标准和农业人员安置途径；

（四）办理征地补偿登记的期限、地点。

第六条　被征地农村集体经济组织、农村村民或者其他权利人应当在征收土地公告规定的期限内持土地权属证书到指定地点办理征地补偿登记手续。

被征地农村集体经济组织、农村村民或者其他权利人未如期办理征地补偿登记手续的，其补偿内容以有关市、县土地行政主管部门的调查结果为准。

第七条　有关市、县人民政府土地行政主管部门会同有关部门根据批准的征收土地方案，在征收土地公告之日起45日内以被征收土地的所有权人为单位拟订征地补偿、安置方案并予以公告。

第八条　征地补偿安置、方案公告应当包括下列内容：

（一）本集体经济组织被征收土地的位置、地类、面积，地上附着物和青苗的种类、数量，需要安置的农业人口的数量；

（二）土地补偿费的标准、数额、支付对象和支付方式；

（三）安置补助费的标准、数额、支付对象和支付方式；

（四）地上附着物和青苗的补偿标准和支付方式；

（五）农业人员的具体安置途径；

（六）其他有关征地补偿、安置的具体措施。

第九条 被征地农村集体经济组织、农村村民或者其他权利人对征地补偿、安置方案有不同意见的或者要求举行听证会的，应当在征地补偿、安置方案公告之日起 10 个工作日内向有关市、县人民政府土地行政主管部门提出。

第十条 有关市、县人民政府土地行政主管部门应当研究被征地农村集体经济组织、农村村民或者其他权利人对征地补偿、安置方案的不同意见。对当事人要求听证的，应当举行听证会。确需修改征地补偿、安置方案的，应当依照有关法律、法规和批准的征收土地方案进行修改。

有关市、县人民政府土地行政主管部门将征地补偿、安置方案报市、县人民政府审批时，应当附具被征地农村集体经济组织、农村村民或者其他权利人的意见及采纳情况，举行听证会的，还应当附具听证笔录。

第十一条 征地补偿、安置方案经批准后，由有关市、县人民政府土地行政主管部门组织实施。

第十二条 有关市、县人民政府土地行政主管部门将征地补偿、安置费用拨付给被征地农村集体经济组织后，有权要求该农村集体经济组织在一定时限内提供支付清单。

市、县人民政府土地行政主管部门有权督促有关农村集体经济组织将征地补偿、安置费用收支状况向本集体经济组织成员予以公布,以便被征地农村集体经济组织、农村村民或者其他权利人查询和监督。

第十三条 市、县人民政府土地行政主管部门应当受理对征收土地公告内容和征地补偿、安置方案公告内容的查询或者实施中问题的举报,接受社会监督。

第十四条 未依法进行征收土地公告的,被征地农村集体经济组织、农村村民或者其他权利人有权依法要求公告,有权拒绝办理征地补偿登记手续。

未依法进行征地补偿、安置方案公告的,被征地农村集体经济组织、农村村民或者其他权利人有权依法要求公告,有权拒绝办理征地补偿、安置手续。

第十五条 因未按照依法批准的征收土地方案和征地补偿、安置方案进行补偿、安置引发争议的,由市、县人民政府协调;协调不成的,由上一级地方人民政府裁决。

征地补偿、安置争议不影响征收土地方案的实施。

第十六条 本办法自2002年1月1日起施行。

国土资源部关于进一步做好征地管理工作的通知

国土资发〔2010〕96号

各省、自治区、直辖市国土资源厅（国土环境资源厅、国土资源局、国土资源和房屋管理局、规划和国土资源管理局），新疆生产建设兵团国土资源局：

为贯彻落实党中央、国务院关于做好征地工作的一系列指示精神，以及日前国务院办公厅《关于进一步严格征地拆迁管理工作切实维护群众合法权益的紧急通知》（国办发明电〔2010〕15号，以下简称《紧急通知》）有关规定和要求，切实加强和改进征地管理，确保被征地农民原有生活水平不降低，长远生计有保障，现就有关事项通知如下：

一、推进征地补偿新标准实施，确保补偿费用落实到位

（一）全面实行征地统一年产值标准和区片综合地价。制定征地统一年产值标准和区片综合地价是完善征地补偿机制、实现同地同价的重要举措，也是提高征地补偿标准、维护农民权益的必然要求，各类建设征收农村集体土地都必须严格执行。对于新上建设项目，在用地预审时就要严格把关，确保项目按照公布实施的征地统一年产值标准和区片综合地价核算征地补偿费用，足额列入概算。建设用地位于同一年产值或区片综合地价区域的，征地补偿水平应基本保持一致，做到征地补偿同地同价。

各地应建立征地补偿标准动态调整机制，根据经济发展水平、当地人均收入增长幅度等情况，每2至3年对征地补偿标准进行调整，逐步提高征地补偿水平。目前实施的征地补偿标准已超过规定

年限的省份,应按此要求尽快调整修订。未及时调整的,不予通过用地审查。

(二)探索完善征地补偿款预存制度。为防止拖欠征地补偿款,确保补偿费用及时足额到位,各地应探索和完善征地补偿款预存制度。在市县组织用地报批时,根据征地规模与补偿标准,测算征地补偿费用,由申请用地单位提前缴纳预存征地补偿款;对于城市建设用地和以出让方式供地的单独选址建设项目用地,由当地政府预存征地补偿款。用地经依法批准后,根据批准情况对预存的征地补偿款及时核算,多退少补。

省级国土资源部门应结合本省(区、市)实际情况,会同有关部门,建立健全征地补偿款预存的有关规章制度,并在用地审查报批时审核把关。

(三)合理分配征地补偿费。实行征地统一年产值标准和区片综合地价后,省级国土资源部门要会同有关部门,按照征地补偿主要用于被征地农民的原则,结合近年来征地实施情况,制定完善征地补偿费分配办法,报省级政府批准后执行。

征地批后实施时,市县国土资源部门要按照确定的征地补偿安置方案,及时足额支付补偿安置费用;应支付给被征地农民的,要直接支付给农民个人,防止和及时纠正截留、挪用征地补偿安置费的问题。

二、采取多元安置途径,保障被征地农民生产生活

(四)优先进行农业安置。各地应结合当地实际,因地制宜,采取多种有效的征地安置方式。在一些通过土地整治增加了耕地以及农村集体经济组织预留机动地较多的农村地区,征地时应优先采取农业安置方式,将新增耕地或机动地安排给被征地农民,使其拥有一定面积的耕作土地,维持基本的生产条件和收入来源。

(五)规范留地安置。在土地利用总体规划确定的城镇建设用

地范围内实施征地,可结合本地实际采取留地安置方式,但要加强引导和管理。留用地应安排在城镇建设用地范围内,并征为国有;涉及农用地转用的,要纳入年度土地利用计划,防止因留地安置扩大城市建设用地规模;留用地开发要符合城市建设规划和有关规定要求。实行留用地安置的地区,当地政府应制定严格的管理办法,确保留用地的安排规范有序,开发利用科学合理。

(六)推进被征地农民社会保障资金的落实。将被征地农民纳入社会保障,是解决被征地农民长远生计的有效途径。各级国土资源部门要在当地政府的统一领导下,配合有关部门,积极推进被征地农民社会保障制度建设。当前,解决被征地农民社保问题的关键在于落实社保资金,本着"谁用地、谁承担"的原则,鼓励各地结合征地补偿安置积极拓展社保资金渠道。各地在用地审查报批中,要对被征地农民社保资金落实情况严格把关,切实推进被征地农民社会保障资金的落实。

实行新型农村社会养老保险试点的地区,要做好被征地农民社会保障与新农保制度的衔接工作。被征地农民纳入新农保的,还应落实被征地农民的社会保障,不得以新农保代替被征地农民社会保障。

三、做好征地中农民住房拆迁补偿安置工作,解决好被征地农民居住问题

(七)切实做好征地涉及的拆迁补偿安置工作。各地要高度重视征地中农民住房拆迁工作,按照《紧急通知》规定要求切实加强管理。农民住房拆迁补偿安置涉及土地、规划、建设、户籍、民政管理等多方面,同时也关系到社会治安、环境整治以及民俗民风等社会问题,市县国土资源部门应在当地政府的统一组织领导和部署下,配合相关部门,建立协调机制,制订办法,共同做好拆迁工作。要严格执行相关法律法规和政策规定,履行有关程序,做到先

安置后拆迁，坚决制止和纠正违法违规强制拆迁行为。

（八）住房拆迁要进行合理补偿安置。征地中拆迁农民住房应给予合理补偿，并因地制宜采取多元化安置方式，妥善解决好被拆迁农户居住问题。在城市远郊和农村地区，主要采取迁建安置方式，重新安排宅基地建房。拆迁补偿既要考虑被拆迁的房屋，还要考虑被征收的宅基地。房屋拆迁按建筑重置成本补偿，宅基地征收按当地规定的征地标准补偿。

在城乡结合部和城中村，原则上不再单独安排宅基地建房，主要采取货币或实物补偿的方式，由被拆迁农户自行选购房屋或政府提供的安置房。被拆迁农户所得的拆迁补偿以及政府补贴等补偿总和，应能保障其选购合理居住水平的房屋。

（九）统筹规划有序推进征地拆迁。在城乡结合部和城中村，当地政府应根据城市发展需要，合理预测一段时期内征地涉及的农民住房拆迁安置规模，统筹规划，对拆迁安置用地和建造安置住房提前作出安排，有序组织拆迁工作。安置房建设要符合城市发展规划，防止出现"重复拆迁"。在城市远郊和农村地区，实行迁建安置应在村庄和集镇建设用地范围内安排迁建用地，优先利用空闲地和闲置宅基地。纳入拆并范围的村庄，迁建安置应向规划的居民点集中。有条件的地方应结合新农村或中心村建设，统筹安排被拆迁农户的安置住房。

四、规范征地程序，提高征地工作透明度

（十）认真做好用地报批前告知、确认、听证工作。征地工作事关农民切身利益，征收农民土地要确保农民的知情权、参与权、申诉权和监督权。市县国土资源部门要严格按照有关规定，征地报批前认真履行程序，充分听取农民意见。征地告知要切实落实到村组和农户，结合村务信息公开，采取广播、在村务公开栏和其他明显位置公告等方式，多形式、多途径告知征收土地方案。被征地农民有异议并提出听证的,当地国土资源部门应及时组织听证,听取被征地农民意见。对于群众提出的合理要求,必须妥善予以解决。

(十一)简化征地批后实施程序。为缩短征地批后实施时间,征地报批前履行了告知、确认和听证程序并完成土地权属、地类、面积、地上附着物和青苗等确认以及补偿登记的,可在征地报批的同时拟订征地补偿安置方案。征地批准后,征收土地公告和征地补偿安置方案公告可同步进行。公告中群众再次提出意见的,要认真做好政策宣传解释和群众思想疏导工作,得到群众的理解和支持,不得强行征地。

五、切实履行职责,加强征地管理

(十二)强化市县政府征地实施主体职责。依照法律规定,市县政府是征地组织实施的主体,对确定征地补偿标准、拆迁补偿安置、补偿费用及时足额支付到位、组织被征地农民就业培训、将被征地农民纳入社会保障等负总责。国土资源部门应在政府的统一组织领导下,认真履行部门职责,确保征地工作依法规范有序地进行。

(十三)落实征地批后实施反馈制度。建设用地批准后(其中国务院批准的城市建设用地,在省级政府审核同意农用地转用和土地征收实施方案后)6个月内,市县国土资源部门应将征地批后实施完成情况,包括实施征地范围和规模、履行征地批后程序、征地补偿费用到位、被征地农民安置及社会保障落实等情况,通过在线报送系统及时报送省级国土资源部门和国土资源部。省级国土资源部门要督促、指导市县做好报送工作,检查核实报送信息,及时纠正不报送、迟报送及报送错误等问题。各级国土资源部门要充分运用报送信息,及时掌握、分析征地批后实施情况,加强用地批后监管,确保按批准要求实施征地。

二〇一〇年六月二十六日

关于加强监督检查进一步规范征地拆迁行为的通知

中纪办〔2011〕8号

各省、自治区、直辖市和新疆生产建设兵团纪委、监察厅（局）：

近年来，各地认真贯彻落实党中央、国务院的决策部署，严格执行农村集体土地征收和城市房屋拆迁法律法规和政策规定，不断完善征地拆迁补偿机制，努力做好群众工作，征地拆迁状况总体是好的。但随着城市化进程推进，征地拆迁规模不断扩大，一些地方仍然存在违法违规强制征地拆迁问题，个别地方甚至发生因违法违规强制征地拆迁致人伤亡事件，造成了恶劣的社会影响，严重危害群众利益，损害党和政府形象。各级纪检监察机关要按照十七届中央纪委第六次全会的部署，切实加强对征地拆迁政策规定执行情况的监督检查，坚决制止和纠正违法违规强制征地拆迁行为，维护群众利益，促进科学发展和社会和谐稳定。现通知如下：

一、加强监督检查，保证《国有土地上房屋征收与补偿条例》的贯彻执行

2011年1月21日国务院颁布的《国有土地上房屋征收与补偿条例》（以下简称《条例》），是规范国有土地上房屋征收与补偿的基础性法规。《条例》规定，取消行政强制拆迁，申请司法强制执行；先补偿后搬迁，禁止采取暴力威胁迫使搬迁；明确征收补偿标准和公共利益范围；被征收人有权请求行政救济和司法救济等，为保障被征收人的合法权益提供了依据。各级纪检监察

机关要加强《条例》贯彻执行情况的监督检查,督促各地及有关部门认真学习宣传、贯彻执行《条例》精神,按照规定的征收范围、补偿标准和征收程序,依法征收、公平补偿。督促地方政府及有关部门认真清理现行规章制度和规范性文件,该废止的予以废止,该修订的抓紧修订,该项配套完善的尽快配套完善。对《条例》颁布前已经作出行政强制拆迁决定但尚未组织实施的项目,不得再组织实施,要重新组织论证,由人民法院裁定是否强制执行。

二、推动完善政策,切实维护被征地拆迁农民的合法权益

要督促有关地方政府和部门严格按照《国务院办公厅关于进一步严格征地拆迁管理工作切实维护群众合法权益的紧急通知》(国办发明电〔2010〕15号要求,进一步建立健全有关政策规定,认真做好农村集体土地征收和房屋拆迁工作,确保被征地拆迁农民原有生活水平不降低,长远生计有保障。要督促认真落实补偿安置政策规定,做到先安置后拆迁,住房安置要充分考虑农民的生活习惯和生产需要,妥善解决好被征地拆迁农民的居住问题;房屋拆迁要按照建筑重置成本补偿,宅基地征收按当地规定的征地标准补偿,被征地拆迁农户所得拆迁补偿以及政府补贴,能够保障其选购合理居住水平的房屋。要督促建立与当地经济发展水平相适应、收入增长幅度相协调的补偿标准动态调整机制,并认真加以执行。在《土地管理法》等法律法规作出修订之前,集体土地上房屋拆迁,要参照新颁布的《国有土地上房屋征收与补偿条例》的精神执行。

三、强化责任落实,督促地方政府和有关部门依法履行职责

要督促地方政府及有关部门深入贯彻落实以人为本、执政为民的要求,加强和改进群众工作,畅通被征地拆迁群众反映问题、表

达诉求的渠道，广泛听取群众意见，妥善解决群众的合理诉求，紧紧依靠群众的支持和参与开展征地拆迁。要对有关地方政府履行征地拆迁主体责任任情况进行监督检查，督促严格审批征地拆迁项目，认真履行公告、告知、听证等程序，加强管理监督，依法依规进行征地拆迁。要对有关部门履行职责情况进行监督检查，督促住房城乡建设部门严格拆迁许可证的审批管理，加强对国有土地上房屋征收与补偿工作的监管；督促国土资源部门严把新上项目用地预审关，加强对农村集体土地征收和房屋拆迁工作的监管；督促农业部门严格农村集体土地征地补偿费分配使用情况的监管。要建立健全矛盾纠纷排查调处机制，及时解决苗头性、倾向性问题，防止矛盾纠纷积累激化。

四、严肃查办案件，严格追究有关责任人的责任

加大查办违法违规强制征地拆迁案件的力度，重点查处采取中断供水、供热、供电和道路通行等非法方式迫使搬迁行为，采取暴力、威胁手段或突击、"株连"等方式强制征地拆迁行为，以及《国有土地上房屋征收与补偿条例》颁布后仍然组织实施行政强制拆迁等问题。对有令不行、有禁不止的，违规动用警力参与征地拆迁的，因工作不力、简单粗暴、失职渎职引发恶性事件和群体性事件的，对违法违规征地拆迁行为不制止、隐瞒不报、压案不查的，要严肃追究有关领导人员的责任。涉嫌犯罪的，移送司法机关依法追究刑事责任。对征地拆迁中官商勾结、权钱交易的，要发现一起、查处一起，绝不姑息。

五、加大宣传力度，正确引导社会舆论

要加大对《条例》等有关法律法规和政策规定的宣传力度，注意加强对征地拆迁社会舆情的分析研判，建立快速的应对机制。要及时总结依法拆迁、"阳光"拆迁、和谐拆迁的好经验、好做法，

组织力量进行宣传报道，加强对社会舆论的正确引导。对社会广泛关注的违法违规强制征地拆迁典型案件，及时公布查处结果。对群众反映强烈的突出问题和突发性事件，依法妥善处置，及时回应社会关切，避免出现过度炒作等不利局面。

中共中央纪委办公厅
监察部办公厅
2011年3月17日

最高人民法院关于坚决防止土地征收、房屋拆迁强制执行引发恶性事件的紧急通知

（2011年5月6日最高人民法院发布）

近年来，一些地方在土地征收、房屋拆迁强制执行中引发的恶性事件屡屡发生。有的被执行人以自焚、跳楼等自杀、自残方式相对抗，有的以点燃煤气罐、泼洒汽油、投掷石块等方式阻挠执行，有的聚众围攻、冲击执行人员酿成群体性事件，有的法院干警不当使用武器致人死伤等等。前不久，湖南省株洲市又发生一起被执行人在房屋拆迁强制执行中自焚（经抢救无效死亡）的严重事件。上述事件虽属少数或个别，但引起的社会关注度极高，造成的社会影响极为恶劣，其中的教训也极为深刻。为防止和杜绝类似事件再次发生，现就有关问题紧急通知如下：

一、必须高度重视，切实增强紧迫感和危机感。土地征用、房屋拆迁往往事关人民群众切身利益和社会稳定大局，是社会高度关注的问题，也是矛盾多发的领域。各级人民法院的领导和干警必须站在依法保护人民群众合法权益、维护社会和谐稳定、巩固党的执政地位和国家政权的高度，充分认识做好这项工作的极端重要性，将此作为坚持群众观点、贯彻群众路线的重要载体，以更加严格执法的信念、更加严谨审慎的态度、更加务实细致的方法，依法慎重处理好每一起强制执行案件，坚决反对和抵制以"服务大局"为名、行危害大局之实的一切错误观点和行为，坚决防止因强制执行违法或不当而导致矛盾激化、引发恶性事件。

二、必须严格审查执行依据的合法性。对行政机关申请法院强

制执行其征地拆迁具体行政行为的，必须严把立案关、审查关，坚持依法审查原则，不得背离公正、中立立场而迁就违法或不当的行政行为。凡是不符合法定受案条件以及未进行社会稳定风险评估的申请，一律退回申请机关或裁定不予受理；凡是补偿安置不到位或具体行政行为虽然合法但确有明显不合理及不宜执行情形的，不得作出准予执行裁定。

三、必须严格控制诉讼中的先予执行。对涉及征地拆迁申请法院强制执行的案件，凡是被执行人尚未超过法定起诉期限的，一律不得受理；凡是当事人就相关行政行为已经提起诉讼，其他当事人或有关部门申请先予执行的，原则上不得准许，确需先予执行的，必须报上一级法院批准。

四、必须慎用强制手段，确保万无一失。对当事人不执行法院生效裁判或既不起诉又不履行行政行为确定义务的案件，要具体情况具体分析，注意听取当事人和各方面意见，多做协调化解工作，尽力促成当事人自动履行。凡最终决定需要强制执行的案件，务必要做好社会稳定风险评估，针对各种可能发生的情况制定详细工作预案。凡在执行过程中遇到当事人以自杀相威胁等极端行为、可能造成人身伤害等恶性事件的，一般应当停止执行或首先要确保当事人及相关人员的人身安全，并建议政府和有关部门做好协调、维稳工作，确保执行活动安全稳妥依法进行。

五、必须加强上级法院的监督指导。上级法院要切实履行监督指导职责，增强工作协同性，及时发现和纠正下级法院存在的各种问题。下级法院要主动争取上级法院的指导和支持，充分发挥执行工作统一管理的优势。凡涉及征地拆迁的强制执行案件，相关法院在执行前必须报上一级法院审查同意后方可实施。

六、进一步优化执行工作司法环境。鉴于目前有关征地拆迁的具体强制执行模式尚待有关国家机关协商后确定，各级人民法院要紧紧依靠党委领导，争取各方理解和支持。凡涉及征地拆迁需要强制执行的案件，必须事前向地方党委报告，并在党委统一领导、协调和政府的配合下进行。同时，积极探索"裁执分离"即由法院审查、政府组织实施的模式，以更好地发挥党委、政府的政治、资源和手段优势，共同为有效化解矛盾营造良好环境。

七、严格重大信息报告制度。凡在执行中发生影响社会稳定重大事件的，有关法院必须迅速向当地党委和上级法院如实报告有关情况，做到信息准确、反应灵敏。对不具备交付执行条件的案件，凡遇到来自有关方面的压力和不当干扰的，必须及时向上级法院和有关机关报告，坚决防止盲目服从、草率行事、不计后果的情况发生。

八、明确责任，严肃追究违法失职行为。凡是因工作失误、执法不规范或者滥用强制手段、随意动用法院警力实施强制执行导致矛盾激化，造成人员伤亡或财产严重损失等恶性后果以及引发大规模群体性事件，或者对重大信息隐瞒不服、歪曲事实，造成影响社会稳定等负面效果持续扩大的，要严肃追究有关法院领导和直接责任人员的责任，并予以曝光通报。

特此通知。

二〇一一年五月六日

最高人民法院关于严格执行法律法规和司法解释依法妥善办理征收拆迁案件的通知

法〔2012〕148号

各省、自治区、直辖市高级人民法院，新疆维吾尔自治区高级人民法院生产建设兵团分院：

自《中华人民共和国行政强制法》（以下简称《行政强制法》）、《国有土地上房屋征收与补偿条例》（以下简称《条例》）和《最高人民法院关于办理申请人民法院强制执行国有土地上房屋征收补偿决定案件若干问题的规定》（以下简称《规定》）颁布实施以来，依法文明和谐征收拆迁得到社会广泛肯定。但是，今春以来，一些地区违法征收拆迁的恶性事件又屡有发生，并呈上升势头。为防范和遏制类似事件的继续发生，为党的十八大胜利召开营造良好的社会环境，现就有关问题通知如下：

一、加强相关法律法规和司法解释的学习培训

各级人民法院的领导和相关审判执行人员要认真学习领会《行政强制法》、《条例》和《规定》，全面理解掌握法律法规和司法解释的立法背景及具体规定精神，认真学习理解《最高人民法院关于坚决防止土地征收、房屋拆迁强制执行引发恶性事件的紧急通知》和《关于认真贯彻执行〈关于办理申请人民法院强制执行国有土地上房屋征收补偿决定案件若干问题的规定〉的通知》，特别是要组织基层人民法院搞好专门培训，切实把思想认识和工作思路统一到法律、法规、司法解释和最高人民法院的要求上来，在立案、审查和执行等工作中严格贯彻落实，不得擅自变通和随意解读。

二、抓紧对征收拆迁案件进行一次全面排查

各地法院近期要对已经受理或将要受理的征收拆迁诉讼案件和非诉执行案件进行一次全面排查，提前预测、主动应对和有效消除可能影响社会稳定的隐患。同时，对法律法规和司法解释颁布施行后的执法情况进行一次检查，在自查的基础上，上级人民法院要派出督查组对排查工作进行监督指导，特别是对近期发生征收拆迁恶性事件的地区和城郊结合部、城中村改造、违法违章建筑拆除等领域，要进行重点检查。坚决防止因工作失误、执法不规范或者滥用强制手段导致矛盾激化，造成人员伤亡或财产严重损失等恶性后果以及引发大规模群体性事件。

三、认真研究解决征收拆迁案件的新情况新问题

当前征收拆迁主要问题集中在违法征收土地和房屋、补偿标准偏低、实施程序不规范、滥用强制手段和工作方法简单粗暴等方面。各级人民法院要结合当地实际，认真研究受案范围、立案条件、审理标准、执行方式等具体法律适用问题，着力解决群众反映强烈的补偿标准过低、补偿不到位、行政权力滥用等突出问题。对于审判执行工作中的重大问题，要及时向当地党委汇报取得支持，加强与政府的沟通互动，积极探索创新社会管理方式，疏通行政争议化解渠道，努力实现保护人民群众合法权益与维护公共利益的有机统一，保障促进社会和谐稳定。

四、规范司法行为，强化审判执行监督

各级人民法院在办理征收拆迁案件过程中，立案、审查、执行机构要注意加强沟通配合，创新工作机制，共同研究解决办案中的重大疑难问题。对行政机关申请强制执行国有土地上房屋征收补偿决定（或拆迁裁决）的案件，要严格按照《规定》及最高人民法院相关通知精神办理，严把立案、审查、执行关，切实体现"裁执分离"的原则，不得与地方政府搞联合执行、委托执行。要依法受

理被执行人及利害关系人因行政机关强制执行过程中具体行政行为违法而提起的行政诉讼或者行政赔偿诉讼；对申请先予执行的案件，原则上不得准许；凡由人民法院强制执行的，须报经上一级人民法院审查批准方可采取强制手段；对涉及面广、社会影响大、社会关注度高的案件，上级人民法院应当加强监督指导，防范和制止下级人民法院强制执行中的违法行为和危害社会稳定的情形发生。

五、建立完善信息和舆情报告制度

为便于了解掌握各级人民法院办理征收拆迁案件的信息和情况，要建立和完善征收拆迁案件信息和舆情报告制度，特别是在十八大召开前夕和会议期间，各高级人民法院要按月搜集掌握辖区法院办理征收拆迁诉讼案件和非诉执行案件的情况。凡在办案中出现影响社会稳定重大隐患或事件的，有关人民法院必须立即向当地党委和上级人民法院如实报告有关情况，做到信息准确、反映迅速。上下级人民法院要畅通信息沟通渠道，随时掌握相关重要舆情动态，及时调查了解事实真相并采取应对措施，回应社会关切。要严格执行重大信息报告制度，对隐瞒不服、歪曲事实、造成严重负面影响的，严肃追究有关领导和直接责任人员的责任，并予以曝光通报。

二○一二年六月十三日

最高人民法院关于在征收拆迁案件中进一步严格规范司法行为积极推进"裁执分离"的通知

法〔2014〕191号

各省、自治区、直辖市高级人民法院,新疆维吾尔自治区高级人民法院生产建设兵团分院:

当前,依法妥善审理各类土地、房屋征收拆迁行政案件,是人民法院参与国家治理、推进城镇化建设、保障人民群众合法权益、促进社会和谐稳定的十分重要的职责。《中华人民共和国行政强制法》(以下简称《行政强制法》)和《国有土地上房屋征收与补偿条例》(以下简称《条例》)颁布实施以来,最高人民法院先后出台了一系列司法解释和指导性文件,针对国有土地上房屋征收非诉执行案件实行由法院审查作裁定、政府组织实施的"裁执分离"原则,许多地方法院积极贯彻落实并取得明显实效,但是仍有一些基层法院领会司法解释精神不到位,审查环节不严谨,直接组织强制执行以至引发恶性后果。前不久,山西省中阳县发生一起被执行人两名亲属在法院组织的非诉强制执行过程中自焚致伤、从窑顶跳下摔伤的严重事件。为防止类似事件再次发生,现就有关问题通知如下:

一、高度重视宣传,深刻领会司法解释和相关文件精神

针对最高人民法院近年来颁布的《关于办理申请人民法院强制执行国有土地上房屋征收补偿决定案件若干问题的规定》、《关于审理涉及农村集体土地行政案件若干问题的规定》、《关于认真贯彻执行〈关于办理申请人民法院强制执行国有土地上房屋征收补偿决定

案件若干问题的规定〉的通知》、《关于坚决防止土地征收、房屋拆迁强制执行引发恶性事件的紧急通知》和《关于严格执行法律法规和司法解释依法妥善办理征收拆迁案件的通知》等司法解释和司法文件，各级人民法院必须进一步加大宣传力度，确保广大基层法院领导和相关审判执行人员能够熟悉上述规定和通知内容，深刻领会最高人民法院三令五申的办案要求和"裁执分离"原则的基本精神，特别要注意及时转发、认真组织基层法院搞好专门培训，切实统一思想认识和工作思路，在立案、审查和执行等工作中严格贯彻落实，不得擅自变通和随意解读。同时，通过多种途径向当地党政领导和行政执法机关及其工作人员积极宣传，做好沟通解释工作，尽最大努力获得支持与配合，共同促进《行政强制法》《条例》等法律法规的正确实施。

二、严格规范司法行为，确保裁判公开公正

各级人民法院在办理征收拆迁案件过程中，要紧紧围绕"让人民群众在每一个司法案件中感受到公平正义"的目标，坚持合法性审查，坚守法律底线，敢于担当、敢于碰硬，只服从事实、只服从法律，坚决抵制各种非法干预。在诉讼案件立案审理环节，要坚决防止背离公正、中立立场、从地方或部门利益出发迁就违法或不当的行政行为，对依法该立案的坚决立案，对行政行为该确认违法的坚决确认违法，该撤销的坚决撤销，对申请先予执行的案件，原则上不得准许；在非诉执行案件审查环节，要严格遵循司法解释相关规定审查行政机关提出的申请，凡存在对群众补偿安置不到位、程序违法或违反程序正当性、未进行社会稳定风险评估等情形的，一律依法裁定不予受理或不准予执行。要正确处理裁判和协调的关系，坚决防止违背当事人意愿过度协调、久拖不决，无原则地"和稀泥"。要大力推进司法公开，以公开促公正，以公开防干预，确保征收拆迁一审案件全部公开开庭，确保每一份相关裁判文书说理充分、公开上网、及时送达。

三、积极推进"裁执分离",逐步拓宽适用范围

"裁执分离"是最高人民法院为破解征收拆迁案件"执行难""执行乱"难题着力推进的一项重要原则。该原则由有关中央国家机关充分协商后通过司法解释加以确定,既有利于发挥司法专业优势、监督功能,又有利于发挥行政机关资源优势,对明确司法与行政的职能定位,确保依法拆迁、和谐拆迁意义重大。各级人民法院在贯彻执行过程中,一方面要严格落实司法解释及相关通知有关"由政府组织实施为总原则、由法院执行属个别例外情形"的基本要求,立案、审查、执行机构要注意加强沟通配合,创新工作机制,共同研究解决办案中的重大疑难问题,不得与地方政府搞联合执行、委托执行,杜绝参加地方牵头组织的各类"拆迁领导小组"、"项目指挥部"等,依法受理因行政机关组织实施活动违法而引发的诉讼;另一方面要积极拓宽"裁执分离"适用范围,以践行立法机关提出给相关改革探索"留有空间"的意见和中央有关部门对法院工作的相关建议。今年以来,浙江省高级人民法院在省委、省政府的大力支持下出台相关规定,明确将"裁执分离"扩大至征收集体土地中的房屋拆迁、建筑物非法占地强制拆除等非诉案件和诉讼案件,该做法值得推广和借鉴。

四、进一步加强上级法院监督力度

针对下级法院办理征收拆迁案件,上级法院必须严格把关,切实发挥审级监督指导作用。要建立和完善有案不立、有诉不理的发现机制,严肃追究限制收案、拖延立案的违法违纪行为。要集中清理和废止不符合法律法规和司法解释要求的征地拆迁"土政策",带头抵制各种非法干预,坚决为下级法院审判执行法官撑腰。要建立科学、合理的考评机制,准确、客观评价下级法院工作,改变以协调撤诉率排名等不科学的考核方式。要严禁下级法院执行机构在

未经行政审判庭审查并作出准予执行裁定情况下，擅自采取执行措施以及擅自扩大强制执行范围。要尽快完善申诉、申请再审案件分流机制，避免将有限力量耗费于无理缠访和陈年旧案上。要积极探索行政审判体制改革，在有条件的地方尽早建立与行政区划适当分离的司法管辖制度。今后，凡是未及时向下级法院传达相关司法解释、司法文件精神，或者案件经最高人民法院改判纠正的，最高人民法院将一律予以通报。下级法院在探索司法改革、推进"裁执分离"过程中的各种好经验、好做法与现实困难，要及时向上级法院反映，确保改革依法有序、统筹兼顾；在办案中遇到法律适用方面的各种新情况新问题，要依照法定程序逐级向上级法院反映；在原则上不准先予执行的前提下，确需先予执行的，须报上一级法院批准；在个别例外情形下法院认为自身有足够能力直接执行时，须报上一级法院审查同意；对不按要求向上级法院报告，无视"裁执分离"原则，擅自使用司法强制手段导致矛盾激化，造成人员伤亡、财产严重损失以及大规模群体性事件，或者对重大舆情隐瞒不服、歪曲事实的，要依法依纪严肃追究有关法院领导和直接责任人员的责任。

最高人民法院
二〇一四年七月二十二日

中华人民共和国城镇国有土地
使用权出让和转让暂行条例

中华人民共和国国务院令

第 55 号

现发布《中华人民共和国城镇国有土地使用权出让和转让暂行条例》,自发布之日起施行。

总理 李鹏

一九九〇年五月十九日

第一章 总 则

第一条 为了改革城镇国有土地使用制度,合理开发、利用、经营土地,加强土地管理,促进城市建设和经济发展,制定本条例。

第二条 国家按照所有权与使用权分离的原则,实行城镇国有土地使用权出让、转让制度,但地下资源、埋藏物和市政公用设施除外。

前款所称城镇国有土地是指市、县城、建制镇、工矿区范围内属于全民所有的土地（以下简称土地）。

第三条　中华人民共和国境内外的公司、企业、其他组织和个人，除法律另有规定者外，均可依照本条例的规定取得土地使用权，进行土地开发、利用、经营。

第四条　依照本条例的规定取得土地使用权的土地使用者，其使用权在使用年限内可以转让、出租、抵押或者用于其他经济活动。合法权益受国家法律保护。

第五条　土地使用者开发、利用、经营土地的活动，应当遵守国家法律、法规的规定，并不得损害社会公共利益。

第六条　县级以上人民政府土地管理部门依法对土地使用权的出让、转让、出租、抵押、终止进行监督检查。

第七条　土地使用权出让、转让、出租、抵押、终止及有关的地上建筑物、其他附着物的登记，由政府土地管理部门、房产管理部门依照法律和国务院的有关规定办理。

登记文件可以公开查阅。

第二章　土地使用权出让

第八条　土地使用权出让是指国家以土地所有者的身份将土地使用权在一定年限内让与土地使用者，并由土地使用者向国家支付土地使用权出让金的行为。

土地使用权出让应当签订出让合同。

第九条　土地使用权的出让，由市、县人民政府负责，有计划、有步骤地进行。

第十条　土地使用权出让的地块、用途、年限和其他条件，由市、县人民政府土地管理部门会同城市规划和建设管理部门、房产管理部门共同拟定方案，按照国务院规定的批准权限报经批准后，由土地管理部门实施。

第十一条　土地使用权出让合同应当按照平等、自愿、有偿的原则，由市、县人民政府土地管理部门（以下简称出让方）与土地使用者签订。

第十二条　土地使用权出让最高年限按下列用途确定：

（一）居住用地七十年；

（二）工业用地五十年；

（三）教育、科技、文化、卫生、体育用地五十年；

（四）商业、旅游、娱乐用地四十年；

（五）综合或者其他用地五十年。

第十三条　土地使用权出让可以采取下列方式：

（一）协议；

（二）招标；

（三）拍卖。

依照前款规定方式出让土地使用权的具体程序和步骤，由省、自治区、直辖市人民政府规定。

第十四条　土地使用者应当在签订土地使用权出让合同后六十日内，支付全部土地使用权出让金。逾期未全部支付的，出让方有权解除合同，并可请求违约赔偿。

第十五条　出让方应当按照合同规定，提供出让的土地使用权。未按合同规定提供土地使用权的，土地使用者有权解除合同，并可请求违约赔偿。

第十六条　土地使用者在支付全部土地使用权出让金后，应当依照规定办理登记，领取土地使用证，取得土地使用权。

第十七条　土地使用者应当按照土地使用权出让合同的规定和城市规划的要求，开发、利用、经营土地。

未按合同规定的期限和条件开发、利用土地的，市、县人民政府土地管理部门应当予以纠正，并根据情节可以给予警告、罚款直至无偿收回土地使用权的处罚。

第十八条　土地使用者需要改变土地使用权出让合同规定的土地用途的，应当征得出让方同意并经土地管理部门和城市规划部门批准，依照本章的有关规定重新签订土地使用权出让合同，调整土地使用权出让金，并办理登记。

第三章　土地使用权转让

第十九条　土地使用权转让是指土地使用者将土地使用权再转移的行为，包括出售、交换和赠与。

未按土地使用权出让合同规定的期限和条件投资开发、利用土地的，土地使用权不得转让。

第二十条　土地使用权转让应当签订转让合同。

第二十一条　土地使用权转让时，土地使用权出让合同和登记文件中所载明的权利、义务随之转移。

第二十二条　土地使用者通过转让方式取得的土地使用权，其使用年限为土地使用权出让合同规定的使用年限减去原土地使用者已使用年限后的剩余年限。

第二十三条　土地使用权转让时，其地上建筑物、其他附着物所有权随之转让。

第二十四条　地上建筑物、其他附着物的所有人或者共有人，享有该建筑物、附着物使用范围内的土地使用权。

土地使用者转让地上建筑物、其他附着物所有权时，其使用范围内的土地使用权随之转让，但地上建筑物、其他附着物作为动产转让的除外。

第二十五条 土地使用权和地上建筑物、其他附着物所有权转让，应当依照规定办理过户登记。

土地使用权和地上建筑物、其他附着物所有权分割转让的，应当经市、县人民政府土地管理部门和房产管理部门批准，并依照规定办理过户登记。

第二十六条 土地使用权转让价格明显低于市场价格的，市、县人民政府有优先购买权。

土地使用权转让的市场价格不合理上涨时，市、县人民政府可以采取必要的措施。

第二十七条 土地使用权转让后，需要改变土地使用权出让合同规定的土地用途的，依照本条例第十八条的规定办理。

第四章 土地使用权出租

第二十八条 土地使用权出租是指土地使用者作为出租人将土地使用权随同地上建筑物、其他附着物租赁给承租人使用，由承租人向出租人支付租金的行为。

未按土地使用权出让合同规定的期限和条件投资开发、利用土地的，土地使用权不得出租。

第二十九条 土地使用权出租，出租人与承租人应当签订租赁合同。

租赁合同不得违背国家法律、法规和土地使用权出让合同的规定。

第三十条 土地使用权出租后，出租人必须继续履行土地使用权出让合同。

第三十一条 土地使用权和地上建筑物、其他附着物出租，出租人应当依照规定办理登记。

第五章 土地使用权抵押

第三十二条 土地使用权可以抵押。

第三十三条 土地使用权抵押时，其地上建筑物、其他附着物随之抵押。

地上建筑物、其他附着物抵押时，其使用范围内的土地使用权随之抵押。

第三十四条 土地使用权抵押，抵押人与抵押权人应当签订抵押合同。

抵押合同不得违背国家法律、法规和土地使用权出让合同的规定。

第三十五条 土地使用权和地上建筑物、其他附着物抵押，应当按照规定办理抵押登记。

第三十六条 抵押人到期未能履行债务或者在抵押合同期间宣告解散、破产的，抵押权人有权依照国家法律、法规和抵押合同的规定处分抵押财产。

因处分抵押财产而取得土地使用权和地上建筑物、其他附着物所有权的，应当依照规定办理过户登记。

第三十七条 处分抵押财产所得，抵押权人有优先受偿权。

第三十八条 抵押权因债务清偿或者其他原因而消灭的，应当依照规定办理注销抵押登记。

第六章 土地使用权终止

第三十九条 土地使用权因土地使用权出让合同规定的使用年限届满、提前收回及土地灭失等原因而终止。

第四十条 土地使用权期满，土地使用权及其地上建筑物、其他附着物所有权由国家无偿取得。土地使用者应当交还土地使用证，并依照规定办理注销登记。

第四十一条 土地使用权期满，土地使用者可以申请续期。需要续期的，应当依照本条例第二章的规定重新签订合同，支付土地使用权出让金，并办理登记。

第四十二条 国家对土地使用者依法取得的土地使用权不提前收回。在特殊情况下，根据社会公共利益的需要，国家可以依照法律程序提前收回，并根据土地使用者已使用的年限和开发、利用土地的实际情况给予相应的补偿。

第七章 划拨土地使用权

第四十三条 划拨土地使用权是指土地使用者通过各种方式依法无偿取得的土地使用权。

前款土地使用者应当依照《中华人民共和国城镇土地使用税暂行条例》的规定缴纳土地使用税。

第四十四条 划拨土地使用权，除本条例第四十五条规定的情况外，不得转让、出租、抵押。

第四十五条 符合下列条件的，经市、县人民政府土地管理部门和房产管理部门批准，其划拨土地使用权和地上建筑物，其他附着物所有权可以转让、出租、抵押：

（一）土地使用者为公司、企业、其他经济组织和个人；

（二）领有国有土地使用证；

（三）具有地上建筑物、其他附着物合法的产权证明；

（四）依照本条例第二章的规定签订土地使用权出让合同，向当地市、县人民政府补交土地使用权出让金或者以转让、出租、抵押所获收益抵交土地使用权出让金。

转让、出租、抵押前款划拨土地使用权的，分别依照本条例第三章、第四章和第五章的规定办理。

第四十六条　对未经批准擅自转让、出租、抵押划拨土地使用权的单位和个人，市、县人民政府土地管理部门应当没收其非法收入，并根据情节处以罚款。

第四十七条　无偿取得划拨土地使用权的土地使用者，因迁移、解散、撤销、破产或者其他原因而停止使用土地的，市、县人民政府应当无偿收回其划拨土地使用权，并可依照本条例的规定予以出让。

对划拨土地使用权，市、县人民政府根据城市建设发展需要和城市规划的要求，可以无偿收回，并可依照本条例的规定予以出让。

无偿收回划拨土地使用权时，对其地上建筑物、其他附着物，市、县人民政府应当根据实际情况给予适当补偿。

第八章　附　则

第四十八条　依照本条例的规定取得土地使用权的个人，其土地使用权可以继承。

第四十九条　土地使用者应当依照国家税收法规的规定纳税。

第五十条　依照本条例收取的土地使用权出让金列入财政预算，作为专项基金管理，主要用于城市建设和土地开发。具体使用管理办法，由财政部另行制定。

第五十一条　各省、自治区、直辖市人民政府应当根据本条例的规定和当地的实际情况选择部分条件比较成熟的城镇先行试点。

第五十二条 外商投资从事开发经营成片土地的,其土地使用权的管理依照国务院的有关规定执行。

第五十三条 本条例由国家土地管理局负责解释;实施办法由省、自治区、直辖市人民政府制定。

第五十四条 本条例自发布之日起施行。

附 录

划拨土地使用权管理暂行办法

国家土地管理局令
〔1992〕第 1 号

《划拨土地使用权管理暂行办法》已经一九九二年二月二十四日国家土地管理局第一次局务会议审议通过,现予发布施行。

国家土地管理局局长
一九九二年三月八日

第一条 为了贯彻实施《中华人民共和国城镇国有土地使用权出让和转让暂行条例》(以下简称《条例》,加强对划拨土地使用权的管理,特制定本办法。

第二条 划拨土地使用权,是指土地使用者通过除出让土地使用权以外的其他各种方式依法取得的国有土地使用权。

第三条 划拨土地使用权(以下简称"土地使用权")的转让、出租、抵押活动,适用本办法。

第四条 县级以上人民政府土地管理部门依法对土地使用权转让、出租、抵押活动进行管理和监督检查。

第五条 未经市、县人民政府土地管理部门批准并办理土地使用权出让手续,交付土地使用权出让金的土地使用者,不得转让、出租、抵押土地使用权。

第六条 符合下列条件的,经市、县人民政府土地管理部门批准,其土地使用权可以转让、出租、抵押:

(一)土地使用者为公司、企业、其他经济组织和个人;

(二)领有国有土地使用证;

(三)具有合法的地上建筑物、其他附着物产权证明;

(四)依照《条例》和本办法规定签订土地使用权出让合同,向当地市、县人民政府交付土地使用权出让金或者以转让、出租、抵押所获收益抵交土地使用权出让金。

第七条 土地使用权转让,是指土地使用者将土地使用权单独或者随同地上建筑物、其他附着物转移给他人的行为,原拥有土地使用权的一方称为转让人,接受土地使用权的一方称为受让人。

第八条 土地使用权转让的方式包括出售、交换和赠与等出售是指转让人以土地使用权作为交易条件,取得一定收益的行为,交换是指土地使用者之间互相转移土地使用权的行为,赠与是指转让人将土地使用权无偿转移给受让人的行为。

第九条 土地使用权出租,是指土地使用者将土地使用权单独或者随同地上建筑物、其他附着物租赁给他人使用,由他人向其支付租金的行为,原拥有土地使用权的一方称为出租人,承租土地使用权的一方称为承租人。

第十条 土地使用权抵押,是指土地使用者提供可供抵押的土地使用权作为按期清偿债务的担保行为,原拥有土地使用权的一方称为抵押人,抵押债权人称为抵押权人。

第十一条 转让、抵押土地使用权,其地上建筑物、其他附着物所有权随之转让、抵押;转让、抵押地上建筑物、其他附着物所有权，其使有范围内的土地使用权随之转让、抵押。但地上建筑物、其他附着物作为动产转让的除外，出租土地使用权、其地上建筑物、其他附着物使用权随之出租；出租地上建筑物、其他附着物使用权，其使用范围内的土地使用权随之出租。

第十二条 土地使用者需要转让、出租、抵押土地使用权的，必须持国有土地使用证以及地上建筑物、其他附着物产权证明等合法证件，向所在地市、县人民政府土地管理部门提出书面申请。

第十三条 市、县人民政府土地管理部门应当在接到转让、出租、抵押土地使用权书面申请书之日起十五日内给予回复。

第十四条 市、县人民政府土地管理部门与申请人经过协商后，签订土地使用权出让合同。

第十五条 土地使用权转让、出租、抵押行为的双方当事人应当依照有关法律、法规和土地使用权出让合同的规定，签订土地使用权转让、租赁、抵押合同。

第十六条 土地使用者应当在土地使用权出让合同签订后六十日内，向所在地市、县人民政府交付土地使用权出让金，到市、县人民政府土地管理部门办理土地使用权出让登记手续。

第十七条 双方当事人应当在办理土地使用权出让登记手续后十五日内，到所在地市、县人民政府土地管理部门办理土地使用权转让、出租、抵押登记手续，办理登记手续，应当提交下列证明文件、材料：

（一）国有土地使用证；

（二）土地使用权出让合同；

（三）土地使用权转让、租赁、抵押合同；

（四）市、县人民政府土地管理部门认为有必要提交的其他证明文件、材料。

第十八条 土地使用权转让，土地使用权出让合同和登记文件中所载明的权利、义务随之转移。

第十九条 土地使用权出租、抵押，出租人、抵押人必须继续履行土地使用权出让合同。

第二十条 土地使用权转让后，受让人需要改变土地使用权出让合同规定内容的，应当征得所在地市、县人民政府土地管理部门同意，并按规定的审批权限经土地管理部门和城市规划部门批准，依照《条例》和本办法规定重新签订土地使用权出让合同，调整土地使用权出让金，并办理土地登记手续。

第二十一条 土地使用权出租后，承租人不得新建永久性建筑物、构筑物。需要建造临时性建筑物、构筑物的，必须征得出租人同意，并按照有关法律、法规的规定办理审批手续，土地使用权出租后，承租人需要改变土地使用权出让合同规定内容的，必须征得出租人同意，并按规定的审批权限经土地管理部门和城市规划部门批准，依照《条例》和本办法规定重新签订土地使用权出让合同，调整土地使用权出让金，并办理土地登记手续。

第二十二条 土地使用权租赁合同终止后，出租人应当自租赁合同终止之日起十五日内，到原登记机关办理注销土地使用权出租登记手续。

第二十三条 土地使用权抵押合同终止后，抵押人应当自抵押合同终止之日起十五日内，到原登记机关办理注销土地使用权抵押登记手续。

第二十四条 抵押人到期未能履行债务或者在抵押合同期间宣告解散、破产的，抵押权人有权依照国家法律、法规和抵押合同的规定处分抵押财产，因处分抵押财产而取得土地使用权的，土地使用者应当自权利取得之日起十五日内，到所在地市、县人民政府土地管理部门办理变更土地登记手续。

第二十五条 土地使用者转让、出租，抵押土地使用权、在办理土地使用权出让手续时，其土地使用权出让期由所在地市、县人民政府土地管理部门与土地使用者经过协商后，在土地使用权出让合同中订明，但不得超过《条例》规定的最高年限。

第二十六条　土地使用权出让金，区别土地使用权转让、出租、抵押等不同方式，按标定地价的一定比例收取，最低不得低于标定地价的40%。标定地价由所在地市、县人民政府土地管理部门根据基准地价，按土地使用权转让、出租、抵押期限和地块条件核定。

第二十七条　土地使用权出让金，由市、县人民政府土地管理部门代表政府收取，按国家有关规定管理。

第二十八条　土地使用权出让期届满，土地使用者必须在出让期满之日起十五日内持国有土地使用证和土地使用权出让合同，到原登记机关办理注销出让登记手续。

第二十九条　土地使用权出让期满后，土地使用者再转让、出租、抵押土地使用权时，须按本办法规定重新签订土地使用权出让合同，支付土地使用权出让金，并办理变更土地登记手续。

第三十条　土地使用权出让期间，国家在特殊情况下根据社会公共利益的需要，可以依照法律程序收回土地使用权，并根据土地使用者已使用的年限和开发、利用土地的实际情况给予相应的补偿。

第三十一条　土地使用者未按土地使用权出让合同规定的期限支付全部出让金的，出让方有权解除合同，并可请求违约赔偿。

第三十二条　土地使用权转让、出租、抵押，当事人不办理土地登记手续的，其行为无效，不受法律保护。

第三十三条　对未经批准擅自转让、出租、抵押土地使用权的单位和个人，由所在地市、县人民政府土地管理部门依照《条例》第四十六条规定处理。

第三十四条 当事人对土地管理部门作出的行政处罚决定不服的,可以依照《中华人民共和国行政诉讼法》向人民法院提起诉讼。

第三十五条 县级以上人民政府土地管理部门应当加强对土地使用权转让、出租、抵押活动监督检查工作,对违法行为,应当及时查处。

第三十六条 土地管理部门在对土地使用权转让、出租、抵押活动进行监督检查时,被检查的单位或者个人应当予以配合,如实反映情况,提供有关文件、资料,不得阻挠。

第三十七条 土地管理部门在监督检查中,可以采取下列措施:

(一)查阅、复制与土地监督检查事项有关的文件、资料;

(二)要求被监督检查的单位和个人提供或者报送与监督检查事项有关的文件,资料及其他必要情况;

(三)责令被监督检查的单位和个人停止正在进行的土地违法行为。

第三十八条 土地管理部门办理土地使用权出让等业务活动的经费,按照国家有关规定办理。

第三十九条 经济组织以外的其他组织从事土地使用权转让、出租、抵押活动的,可参照办法办理。

第四十条 以土地使用权作为条件,与他人进行联建房屋、举办联营企业的,视为土地使用权转让行为,按照本办法办理。

第四十一条 对《条例》实施后,本办法实施前发生的未经批准擅自转让、出租、抵押土地使用权行为,市、县人民政府土地管理部门应当组织进行清理,并按《条例》规定处罚后,补办出让手续。

第四十二条 本办法由国家土地管理局负责解释。

第四十三条 本办法自发布之日起施行。

协议出让国有土地使用权规定

中华人民共和国国土资源部令

第21号

《协议出让国有土地使用权规定》,已经2003年6月5日国土资源部第6次部务会议通过,现予发布,自2003年8月1日起施行。

国土资源部部长
2003年6月11日

第一条 为加强国有土地资产管理,优化土地资源配置,规范协议出让国有土地使用权行为,根据《中华人民共和国城市房地产管理法》、《中华人民共和国土地管理法》和《中华人民共和国土地管理法实施条例》,制定本规定。

第二条 在中华人民共和国境内以协议方式出让国有土地使用权的,适用本规定。

本规定所称协议出让国有土地使用权,是指国家以协议方式将国有土地使用权在一定年限内出让给土地使用者,由土地使用者向国家支付土地使用权出让金的行为。

第三条 出让国有土地使用权,除依照法律、法规和规章的规定应当采用招标、拍卖或者挂牌方式外,方可采取协议方式。

第四条 协议出让国有土地使用权,应当遵循公开、公平、公正和诚实信用的原则。

以协议方式出让国有土地使用权的出让金不得低于按国家规定

所确定的最低价。

第五条 协议出让最低价不得低于新增建设用地的土地有偿使用费、征地（拆迁）补偿费用以及按照国家规定应当缴纳的有关税费之和；有基准地价的地区，协议出让最低价不得低于出让地块所在级别基准地价的 70%。

低于最低价时国有土地使用权不得出让。

第六条 省、自治区、直辖市人民政府国土资源行政主管部门应当依据本规定第五条的规定拟定协议出让最低价，报同级人民政府批准后公布，由市、县人民政府国土资源行政主管部门实施。

第七条 市、县人民政府国土资源行政主管部门应当根据经济社会发展计划、国家产业政策、土地利用总体规划、土地利用年度计划、城市规划和土地市场状况，编制国有土地使用权出让计划，报同级人民政府批准后组织实施。

国有土地使用权出让计划经批准后，市、县人民政府国土资源行政主管部门应当在土地有形市场等指定场所，或者通过报纸、互联网等媒介向社会公布。

因特殊原因，需要对国有土地使用权出让计划进行调整的，应当报原批准机关批准，并按照前款规定及时向社会公布。

国有土地使用权出让计划应当包括年度土地供应总量、不同用途土地供应面积、地段以及供地时间等内容。

第八条 国有土地使用权出让计划公布后，需要使用土地的单位和个人可以根据国有土地使用权出让计划，在市、县人民政府国土资源行政主管部门公布的时限内，向市、县人民政府国土资源行政主管部门提出意向用地申请。

市、县人民政府国土资源行政主管部门公布计划接受申请的时间不得少于 30 日。

第九条　在公布的地段上，同一地块只有一个意向用地者的，市、县人民政府国土资源行政主管部门方可按照本规定采取协议方式出让；但商业、旅游、娱乐和商品住宅等经营性用地除外。

同一地块有两个或者两个以上意向用地者的，市、县人民政府国土资源行政主管部门应当按照《招标拍卖挂牌出让国有土地使用权规定》，采取招标、拍卖或者挂牌方式出让。

第十条　对符合协议出让条件的，市、县人民政府国土资源行政主管部门会同城市规划等有关部门，依据国有土地使用权出让计划、城市规划和意向用地者申请的用地项目类型、规模等，制定协议出让土地方案。

协议出让土地方案应当包括拟出让地块的具体位置、界址、用途、面积、年限、土地使用条件、规划设计条件、供地时间等。

第十一条　市、县人民政府国土资源行政主管部门应当根据国家产业政策和拟出让地块的情况，按照《城镇土地估价规程》的规定，对拟出让地块的土地价格进行评估，经市、县人民政府国土资源行政主管部门集体决策，合理确定协议出让底价。

协议出让底价不得低于协议出让最低价。

协议出让底价确定后应当保密，任何单位和个人不得泄露。

第十二条　协议出让土地方案和底价经有批准权的人民政府批准后，市、县人民政府国土资源行政主管部门应当与意向用地者就土地出让价格等进行充分协商，协商一致且议定的出让价格不低于出让底价的，方可达成协议。

第十三条　市、县人民政府国土资源行政主管部门应当根据协议结果，与意向用地者签订《国有土地使用权出让合同》。

第十四条　《国有土地使用权出让合同》签订后7日内，市、县人民政府国土资源行政主管部门应当将协议出让结果在土地有形市场等指定场所，或者通过报纸、互联网等媒介向社会公布，接受社会监督。

公布协议出让结果的时间不得少于15日。

第十五条 土地使用者按照《国有土地使用权出让合同》的约定，付清土地使用权出让金、依法办理土地登记手续后，取得国有土地使用权。

第十六条 以协议出让方式取得国有土地使用权的土地使用者，需要将土地使用权出让合同约定的土地用途改变为商业、旅游、娱乐和商品住宅等经营性用途的，应当取得出让方和市、县人民政府城市规划部门的同意，签订土地使用权出让合同变更协议或者重新签订土地使用权出让合同，按变更后的土地用途，以变更时的土地市场价格补交相应的土地使用权出让金，并依法办理土地使用权变更登记手续。

第十七条 违反本规定，有下列行为之一的，对直接负责的主管人员和其他直接责任人员依法给予行政处分：

（一）不按照规定公布国有土地使用权出让计划或者协议出让结果的；

（二）确定出让底价时未经集体决策的；

（三）泄露出让底价的；

（四）低于协议出让最低价出让国有土地使用权的；

（五）减免国有土地使用权出让金的。

违反前款有关规定，情节严重构成犯罪的，依法追究刑事责任。

第十八条 国土资源行政主管部门工作人员在协议出让国有土地使用权活动中玩忽职守、滥用职权、徇私舞弊的，依法给予行政处分；构成犯罪的，依法追究刑事责任。

第十九条 采用协议方式租赁国有土地使用权的,参照本规定执行。

第二十条 本规定自2003年8月1日起施行。原国家土地管理局1995年6月28日发布的《协议出让国有土地使用权最低价确定办法》同时废止。

招标拍卖挂牌出让国有土地使用权规定

中华人民共和国国土资源部令
第 11 号

《招标拍卖挂牌出让国有土地使用权规定》，已经 2002 年 4 月 3 日国土资源部第 4 次部务会议通过，现予发布，自 2002 年 7 月 1 日起施行。

国土资源部部长
二〇〇二年五月九日

第一条 为规范国有土地使用权出让行为，优化土地资源配置，建立公开、公平、公正的土地使用制度，根据《中华人民共和国城市房地产管理法》、《中华人民共和国土地管理法》和《中华人民共和国土地管理法实施条例》等法律、法规，制定本规定。

第二条 在中华人民共和国境内以招标、拍卖或者挂牌方式出让国有土地使用权的，适用本规定。

本规定所称招标出让国有土地使用权，是指市、县人民政府土地行政主管部门（以下简称出让人）发布招标公告，邀请特定或者不特定的公民、法人和其他组织参加国有土地使用权投标，根据投标结果确定土地使用者的行为。

本规定所称拍卖出让国有土地使用权，是指出让人发布拍卖公告，由竞买人在指定时间、地点进行公开竞价，根据出价结果确定土地使用者的行为。

本规定所称挂牌出让国有土地使用权，是指出让人发布挂牌公告，按公告规定的期限将拟出让宗地的交易条件在指定的土地交易场所挂牌公布，接受竞买人的报价申请并更新挂牌价格，根据挂牌期限截止时的出价结果确定土地使用者的行为。

第三条 招标、拍卖或者挂牌出让国有土地使用权应当遵循公开、公平、公正和诚实信用的原则。

第四条 商业、旅游、娱乐和商品住宅等各类经营性用地，必须以招标、拍卖或者挂牌方式出让。

前款规定以外用途的土地的供地计划公布后，同一宗地有两个以上意向用地者的，也应当采用招标、拍卖或者挂牌方式出让。

第五条 国有土地使用权招标、拍卖或者挂牌出让活动，应当有计划地进行。

市、县人民政府土地行政主管部门根据社会经济发展计划、产业政策、土地利用总体规划、土地利用年度计划、城市规划和土地市场状况，编制国有土地使用权出让计划，报经同级人民政府批准后，及时向社会公开发布。

第六条 市、县人民政府土地行政主管部门应当按照出让计划，会同城市规划等有关部门共同拟订拟招标拍卖挂牌出让地块的用途、年限、出让方式、时间和其他条件等方案，报经市、县人民政府批准后，由市、县人民政府土地行政主管部门组织实施。

第七条 出让人应当根据招标拍卖挂牌出让地块的情况，编制招标拍卖挂牌出让文件。招标拍卖挂牌出让文件应当包括招标拍卖挂牌出让公告、投标或者竞买须知、宗地图、土地使用条件、标书或者竞买申请书、报价单、成交确认书、国有土地使用权出让合同文本。

第八条 出让人应当至少在投标、拍卖或者挂牌开始日前20日发布招标、拍卖或者挂牌公告，公布招标拍卖挂牌出让宗地的基本情况和招标拍卖挂牌的时间、地点。

第九条 招标拍卖挂牌公告应当包括下列内容：

（一）出让人的名称和地址；

（二）出让宗地的位置、现状、面积、使用年期、用途、规划设计要求；

（三）投标人、竞买人的资格要求及申请取得投标、竞买资格的办法；

（四）索取招标拍卖挂牌出让文件的时间、地点及方式；

（五）招标拍卖挂牌时间、地点、投标挂牌期限、投标和竞价方式等；

（六）确定中标人、竞得人的标准和方法；

（七）投标、竞买保证金；

（八）其他需要公告的事项。

第十条 市、县人民政府土地行政主管部门应当根据土地估价结果和政府产业政策综合确定标底或者底价。

确定招标标底，拍卖和挂牌的起叫价、起始价、底价，投标、竞买保证金，应当实行集体决策。

招标标底和拍卖挂牌的底价，在招标拍卖挂牌出让活动结束之前应当保密。

第十一条 出让人应当对投标申请人、竞买申请人进行资格审查。对符合招标拍卖挂牌公告规定条件的，应当通知其参加招标拍卖挂牌活动。

第十二条 市、县人民政府土地行政主管部门应当为投标人、竞买人查询拟出让土地的有关情况提供便利。

第十三条 投标、开标依照下列程序进行：

（一）投标人在投标截止时间前将标书投入标箱。招标公告允许邮寄标书的，投标人可以邮寄，但出让人在投标截止时间前收到的方为有效；

标书投入标箱后,不可撤回。投标人应对标书和有关书面承诺承担责任。

(二)出让人按照招标公告规定的时间、地点开标,邀请所有投标人参加。由投标人或者其推选的代表检查标箱的密封情况,当众开启标箱,宣布投标人名称、投标价格和投标文件的主要内容。投标人少于三人的,出让人应当依照本规定重新招标。

(三)评标小组进行评标。评标小组由出让人代表、有关专家组成,成员人数为五人以上的单数。

评标小组可以要求投标人对投标文件作出必要的澄清或者说明,但是澄清或者说明不得超出投标文件的范围或者改变投标文件的实质性内容。

评标小组应当按照招标文件确定的评标标准和方法,对投标文件进行评审。

(四)招标人根据评标结果,确定中标人。

第十四条 对能够最大限度地满足招标文件中规定的各项综合评价标准,或者能够满足招标文件的实质性要求且价格最高的投标人,应当确定为中标人。

第十五条 拍卖会依照下列程序进行:

(一)主持人点算竞买人;

(二)主持人介绍拍卖宗地的位置、面积、用途、使用年期、规划要求和其他有关事项;

(三)主持人宣布起叫价和增价规则及增价幅度。没有底价的,应当明确提示;

(四)主持人报出起叫价;

(五)竞买人举牌应价或者报价;

(六)主持人确认该应价后继续竞价;

(七)主持人连续三次宣布同一应价而没有再应价的,主持人落槌表示拍卖成交；

（八）主持人宣布最高应价者为竞得人。

第十六条　竞买人不足三人，或者竞买人的最高应价未达到底价时，主持人应当终止拍卖。

拍卖主持人在拍卖中可根据竞买人竞价情况调整拍卖增价幅度。

第十七条　挂牌依照以下程序进行：

（一）在挂牌公告规定的挂牌起始日，出让人将挂牌宗地的位置、面积、用途、使用年期、规划要求、起始价、增价规则及增价幅度等，在挂牌公告规定的土地交易场所挂牌公布；

（二）符合条件的竞买人填写报价单报价；

（三）出让人确认该报价后，更新显示挂牌价格；

（四）出让人继续接受新的报价；

（五）出让人在挂牌公告规定的挂牌截止时间确定竞得人。

第十八条　挂牌时间不得少于10个工作日。挂牌期间可根据竞买人竞价情况调整增价幅度。

第十九条　挂牌期限届满，按照下列规定确定是否成交：

（一）在挂牌期限内只有一个竞买人报价，且报价高于底价，并符合其他条件的，挂牌成交；

（二）在挂牌期限内有两个或者两个以上的竞买人报价的，出价最高者为竞得人；报价相同的，先提交报价单者为竞得人，但报价低于底价者除外；

（三）在挂牌期限内无应价者或者竞买人的报价均低于底价或均不符合其他条件的，挂牌不成交。

在挂牌期限截止时仍有两个或者两个以上的竞买人要求报价的，出让人应当对挂牌宗地进行现场竞价，出价最高者为竞得人。

第二十条　以招标、拍卖或者挂牌方式确定中标人、竞得人后，出让人应当与中标人、竞得人签订成交确认书。

成交确认书应当包括出让人和中标人、竞得人的名称、地址，出让标的，成交时间、地点、价款，以及签订《国有土地使用权出让合同》的时间、地点等内容。

成交确认书对出让人和中标人、竞得人具有合同效力。签订成交确认书后，出让人改变竞得结果，或者中标人、竞得人放弃中标宗地、竞得宗地的，应当依法承担责任。

第二十一条 中标人、竞得人应当按照成交确认书约定的时间，与出让人签订《国有土地使用权出让合同》。

中标人、竞得人支付的投标、竞买保证金，抵作国有土地使用权出让金，其他投标人、竞买人支付的投标、竞买保证金，出让人必须在招标拍卖挂牌活动结束后5个工作日内予以退还，不计利息。

第二十二条 招标拍卖挂牌活动结束后，出让人应在10个工作日内将招标拍卖挂牌出让结果在土地有形市场或者指定的场所、媒介公布。

出让人公布出让结果，不得向受让人收取费用。

第二十三条 受让人依照《国有土地使用权出让合同》的约定付清全部国有土地使用权出让金后，应当依法申请办理土地登记，领取国有土地使用权证书。

第二十四条 应当以招标拍卖挂牌方式出让国有土地使用权而擅自采用协议方式出让的，对直接负责的主管人员和其他直接责任人员依法给予行政处分。

第二十五条 中标人、竞得人有下列行为之一的，中标、竞得结果无效；造成损失的，中标人、竞得人应当依法承担赔偿责任：

（一）投标人、竞买人提供虚假文件隐瞒事实的；

(二)中标人、竞得人采取行贿、恶意串通等非法手段中标或者竞得的。

第二十六条 土地行政主管部门工作人员在招标拍卖挂牌出让活动中玩忽职守、滥用职权、徇私舞弊的，依法给予行政处分；构成犯罪的，依法追究刑事责任。

第二十七条 以招标拍卖挂牌方式租赁国有土地使用权的，参照本规定执行。

第二十八条 本规定自2002年7月1日起施行。

招标拍卖挂牌出让国有建设用地使用权规定

中华人民共和国国土资源部令

第 39 号

《招标拍卖挂牌出让国有建设用地使用权规定》，已经 2007 年 9 月 21 日国土资源部第 3 次部务会议审议通过。现将《招标拍卖挂牌出让国有建设用地使用权规定》公布，自 2007 年 11 月 1 日起施行。

国土资源部部长
二〇〇七年九月二十八日

（2002 年 4 月 3 日国土资源部第 4 次部务会议通过；根据 2007 年 9 月 21 日国土资源部第 3 次部务会议修订）

第一条 为规范国有建设用地使用权出让行为，优化土地资源配置，建立公开、公平、公正的土地使用制度，根据《中华人民共和国物权法》、《中华人民共和国土地管理法》、《中华人民共和国城市房地产管理法》和《中华人民共和国土地管理法实施条例》，制定本规定。

第二条 在中华人民共和国境内以招标、拍卖或者挂牌出让方式在土地的地表、地上或者地下设立国有建设用地使用权的，适用本规定。

本规定所称招标出让国有建设用地使用权，是指市、县人民政府国土资源行政主管部门（以下简称出让人）发布招标公告，邀请特定或者不特定的自然人、法人和其他组织参加国有建设用地使用权投标，根据投标结果确定国有建设用地使用权人的行为。

本规定所称拍卖出让国有建设用地使用权，是指出让人发布拍卖公告，由竞买人在指定时间、地点进行公开竞价，根据出价结果确定国有建设用地使用权人的行为。

本规定所称挂牌出让国有建设用地使用权，是指出让人发布挂牌公告，按公告规定的期限将拟出让宗地的交易条件在指定的土地交易场所挂牌公布，接受竞买人的报价申请并更新挂牌价格，根据挂牌期限截止时的出价结果或者现场竞价结果确定国有建设用地使用权人的行为。

第三条 招标、拍卖或者挂牌出让国有建设用地使用权，应当遵循公开、公平、公正和诚信的原则。

第四条 工业、商业、旅游、娱乐和商品住宅等经营性用地以及同一宗地有两个以上意向用地者的，应当以招标、拍卖或者挂牌方式出让。

前款规定的工业用地包括仓储用地，但不包括采矿用地。

第五条 国有建设用地使用权招标、拍卖或者挂牌出让活动，应当有计划地进行。

市、县人民政府国土资源行政主管部门根据经济社会发展计划、产业政策、土地利用总体规划、土地利用年度计划、城市规划和土地市场状况，编制国有建设用地使用权出让年度计划，报经同级人民政府批准后，及时向社会公开发布。

第六条 市、县人民政府国土资源行政主管部门应当按照出让年度计划，会同城市规划等有关部门共同拟订拟招标拍卖挂牌出让地块的出让方案，报经市、县人民政府批准后，由市、县人民政府国土资源行政主管部门组织实施。

前款规定的出让方案应当包括出让地块的空间范围、用途、年限、出让方式、时间和其他条件等。

第七条 出让人应当根据招标拍卖挂牌出让地块的情况，编制招标拍卖挂牌出让文件。

招标拍卖挂牌出让文件应当包括出让公告、投标或者竞买须知、土地使用条件、标书或者竞买申请书、报价单、中标通知书或者成交确认书、国有建设用地使用权出让合同文本。

第八条 出让人应当至少在投标、拍卖或者挂牌开始日前20日，在土地有形市场或者指定的场所、媒介发布招标、拍卖或者挂牌公告，公布招标拍卖挂牌出让宗地的基本情况和招标拍卖挂牌的时间、地点。

第九条 招标拍卖挂牌公告应当包括下列内容：

（一）出让人的名称和地址；

（二）出让宗地的面积、界址、空间范围、现状、使用年期、用途、规划指标要求；

（三）投标人、竞买人的资格要求以及申请取得投标、竞买资格的办法；

（四）索取招标拍卖挂牌出让文件的时间、地点和方式；

（五）招标拍卖挂牌时间、地点、投标挂牌期限、投标和竞价方式等；

（六）确定中标人、竞得人的标准和方法；

（七）投标、竞买保证金；

（八）其他需要公告的事项。

第十条 市、县人民政府国土资源行政主管部门应当根据土地估价结果和政府产业政策综合确定标底或者底价。标底或者底价不得低于国家规定的最低价标准。

确定招标标底，拍卖和挂牌的起叫价、起始价、底价，投标、竞买保证金，应当实行集体决策。

招标标底和拍卖挂牌的底价,在招标开标前和拍卖挂牌出让活动结束之前应当保密。

第十一条 中华人民共和国境内外的自然人、法人和其他组织,除法律、法规另有规定外,均可申请参加国有建设用地使用权招标拍卖挂牌出让活动。

出让人在招标拍卖挂牌出让公告中不得设定影响公平、公正竞争的限制条件。挂牌出让的,出让公告中规定的申请截止时间,应当为挂牌出让结束日前2天。对符合招标拍卖挂牌公告规定条件的申请人,出让人应当通知其参加招标拍卖挂牌活动。

第十二条 市、县人民政府国土资源行政主管部门应当为投标人、竞买人查询拟出让土地的有关情况提供便利。

第十三条 投标、开标依照下列程序进行:

(一)投标人在投标截止时间前将标书投入标箱。招标公告允许邮寄标书的,投标人可以邮寄,但出让人在投标截止时间前收到的方为有效。

标书投入标箱后,不可撤回。投标人应当对标书和有关书面承诺承担责任。

(二)出让人按照招标公告规定的时间、地点开标,邀请所有投标人参加。由投标人或者其推选的代表检查标箱的密封情况,当众开启标箱,点算标书。投标人少于三人的,出让人应当终止招标活动。投标人不少于三人的,应当逐一宣布投标人名称、投标价格和投标文件的主要内容。

(三)评标小组进行评标。评标小组由出让人代表、有关专家组成,成员人数为五人以上的单数。

评标小组可以要求投标人对投标文件作出必要的澄清或者说明,但是澄清或者说明不得超出投标文件的范围或者改变投标文件的实质性内容。

评标小组应当按照招标文件确定的评标标准和方法，对投标文件进行评审。

（四）招标人根据评标结果，确定中标人。

按照价高者得的原则确定中标人的，可以不成立评标小组，由招标主持人根据开标结果，确定中标人。

第十四条 对能够最大限度地满足招标文件中规定的各项综合评价标准，或者能够满足招标文件的实质性要求且价格最高的投标人，应当确定为中标人。

第十五条 拍卖会依照下列程序进行：

（一）主持人点算竞买人；

（二）主持人介绍拍卖宗地的面积、界址、空间范围、现状、用途、使用年期、规划指标要求、开工和竣工时间以及其他有关事项；

（三）主持人宣布起叫价和增价规则及增价幅度。没有底价的，应当明确提示；

（四）主持人报出起叫价；

（五）竞买人举牌应价或者报价；

（六）主持人确认该应价或者报价后继续竞价；

（七）主持人连续三次宣布同一应价或者报价而没有再应价或者报价的，主持人落槌表示拍卖成交；

（八）主持人宣布最高应价或者报价者为竞得人。

第十六条 竞买人的最高应价或者报价未达到底价时，主持人应当终止拍卖。

拍卖主持人在拍卖中可以根据竞买人竞价情况调整拍卖增价幅度。

第十七条 挂牌依照以下程序进行：

（一）在挂牌公告规定的挂牌起始日，出让人将挂牌宗地的面积、界址、空间范围、现状、用途、使用年期、规划指标要求、开工时间和竣工时间、起始价、增价规则及增价幅度等,在挂牌公告规定的土地交易场所挂牌公布;

(二)符合条件的竞买人填写报价单报价;

(三)挂牌主持人确认该报价后,更新显示挂牌价格;

(四)挂牌主持人在挂牌公告规定的挂牌截止时间确定竞得人。

第十八条 挂牌时间不得少于10日。挂牌期间可根据竞买人竞价情况调整增价幅度。

第十九条 挂牌截止应当由挂牌主持人主持确定。挂牌期限届满,挂牌主持人现场宣布最高报价及其报价者,并询问竞买人是否愿意继续竞价。有竞买人表示愿意继续竞价的,挂牌出让转入现场竞价,通过现场竞价确定竞得人。挂牌主持人连续三次报出最高挂牌价格,没有竞买人表示愿意继续竞价的,按照下列规定确定是否成交:

(一)在挂牌期限内只有一个竞买人报价,且报价不低于底价,并符合其他条件的,挂牌成交;

(二)在挂牌期限内有两个或者两个以上的竞买人报价的,出价最高者为竞得人;报价相同的,先提交报价单者为竞得人,但报价低于底价者除外;

(三)在挂牌期限内无应价者或者竞买人的报价均低于底价或者均不符合其他条件的,挂牌不成交。

第二十条 以招标、拍卖或者挂牌方式确定中标人、竞得人后,中标人、竞得人支付的投标、竞买保证金,转作受让地块的定金。出让人应当向中标人发出中标通知书或者与竞得人签订成交确认书。

中标通知书或者成交确认书应当包括出让人和中标人或者竞得

人的名称，出让标的，成交时间、地点、价款以及签订国有建设用地使用权出让合同的时间、地点等内容。

中标通知书或者成交确认书对出让人和中标人或者竞得人具有法律效力。出让人改变竞得结果，或者中标人、竞得人放弃中标宗地、竞得宗地的，应当依法承担责任。

第二十一条 中标人、竞得人应当按照中标通知书或者成交确认书约定的时间，与出让人签订国有建设用地使用权出让合同。中标人、竞得人支付的投标、竞买保证金抵作土地出让价款；其他投标人、竞买人支付的投标、竞买保证金，出让人必须在招标拍卖挂牌活动结束后5个工作日内予以退还，不计利息。

第二十二条 招标拍卖挂牌活动结束后，出让人应在10个工作日内将招标拍卖挂牌出让结果在土地有形市场或者指定的场所、媒介公布。

出让人公布出让结果，不得向受让人收取费用。

第二十三条 受让人依照国有建设用地使用权出让合同的约定付清全部土地出让价款后，方可申请办理土地登记，领取国有建设用地使用权证书。

未按出让合同约定缴清全部土地出让价款的，不得发放国有建设用地使用权证书，也不得按出让价款缴纳比例分割发放国有建设用地使用权证书。

第二十四条 应当以招标拍卖挂牌方式出让国有建设用地使用权而擅自采用协议方式出让的，对直接负责的主管人员和其他直接责任人员依法给予处分；构成犯罪的，依法追究刑事责任。

第二十五条 中标人、竞得人有下列行为之一的，中标、竞得结果无效；造成损失的，应当依法承担赔偿责任：

（一）提供虚假文件隐瞒事实的；

（二）采取行贿、恶意串通等非法手段中标或者竞得的。

第二十六条 国土资源行政主管部门的工作人员在招标拍卖挂牌出让活动中玩忽职守、滥用职权、徇私舞弊的,依法给予处分;构成犯罪的,依法追究刑事责任。

第二十七条 以招标拍卖挂牌方式租赁国有建设用地使用权的,参照本规定执行。

第二十八条 本规定自2007年11月1日起施行。

关于扩大国有土地有偿使用范围的意见

国土资规〔2016〕20号

各省、自治区、直辖市人民政府，国务院各部委、各直属机构：

自土地使用制度改革以来，我国已形成较为完善的国有建设用地有偿使用制度体系，对落实"十分珍惜、合理利用土地和切实保护耕地"基本国策，保障城镇化、工业化发展，促进社会主义市场经济体制的建立和完善，发挥了重大作用。近年来，随着我国经济发展进入新常态，国有土地有偿使用覆盖面不到位、制度不健全等问题逐渐凸显，市场配置资源决定性作用没有得到充分发挥。为进一步完善国有土地有偿使用制度，根据《中华人民共和国土地管理法》及相关法律规定，经国务院同意，提出以下意见。

一、总体要求

（一）指导思想。全面贯彻党的十八大和十八届三中、四中、五中、六中全会精神，深入学习贯彻习近平总书记系列重要讲话精神，紧紧围绕统筹推进"五位一体"总体布局和协调推进"四个全面"战略布局，牢固树立创新、协调、绿色、开放、共享的发展理念，按照党中央、国务院决策部署，立足基本国情和发展阶段，坚持和完善国有土地全民所有制，坚持和完善国有土地有偿使用制度，使市场在资源配置中起决定性作用和更好发挥政府作用，进一步深化国有土地使用和管理制度改革，扩大国有土地有偿使用范围，促进国有土地资源全面节约集约利用，更好地支撑和保障经济社会持续健康发展。

（二）基本原则。

坚持用途管制。严格落实国有农用地、建设用地和未利用地用途管制，国有土地的开发、利用和保护应坚持生态优先的原则，必须符合土地利用总体规划、城乡规划和主体功能区规划等各相关规划。

坚持市场配置。落实国有土地所有权权益，明晰使用权为核心的国有土地资产产权归属、权利类型及对应权能。扩大国有建设用地有偿使用范围，推进国有农用地有偿使用，规范国有未利用地使用管理。完善国有土地有偿使用方式，健全公平开放透明的国有土地市场规则。

坚持依法行政。依法扩大国有土地有偿使用范围，法律规定应当有偿使用的国有土地，必须有偿使用。根据投融资体制、国有企事业单位、农垦等相关领域改革要求，逐步缩小划拨用地范围。依法严格生态用地保护。

二、扩大国有建设用地有偿使用范围

（一）完善公共服务项目用地政策。根据投融资体制改革要求，对可以使用划拨土地的能源、环境保护、保障性安居工程、养老、教育、文化、体育及供水、燃气供应、供热设施等项目，除可按划拨方式供应土地外，鼓励以出让、租赁方式供应土地，支持市、县政府以国有建设用地使用权作价出资或者入股的方式提供土地，与社会资本共同投资建设。市、县政府应依据当地土地取得成本、市场供需、产业政策和其他用途基准地价等，制定公共服务项目基准地价，依法评估并合理确定出让底价。公共服务项目用地出让、租赁应遵循公平合理原则，不得设置不合理的供应条件，只有一个用地意向者的，可以协议方式供应。国有建设用地使用权作价出资或者入股的使用年限，应与政府和社会资本合作期限相一致，但不得超过对应用途土地使用权出让法定最高年限。加快修订《划拨用地目录》，缩小划拨用地范围。

（二）完善国有企事业单位改制建设用地资产处置政策。事业单位等改制为企业的,其使用的原划拨建设用地,改制后不符合划拨用地法定范围的,应按有偿使用方式进行土地资产处置,符合划拨用地法定范围的,可继续以划拨方式使用,也可依申请按有偿使用方式进行土地资产处置。上述单位改制土地资产划转的权限和程序按照分类推进事业单位改革国有资产处置的相关规定办理;土地资产处置的权限和程序参照国有企业改制土地资产处置相关规定办理。政府机构、事业单位和国有独资企业之间划转国有建设用地使用权,划转后符合《划拨用地目录》保留划拨方式使用的,可直接办理土地转移登记手续;需有偿使用的,划入方应持相关土地资产划转批准文件等,先办理有偿用地手续,再一并办理土地转移登记和变更登记手续。

三、规范推进国有农用地使用制度改革

(一)加强国有农用地确权登记工作。以承包经营以外的合法方式使用国有农用地的国有农场、草场以及使用国家所有的水域、滩涂等农用地进行农业生产,申请国有农用地使用权登记的,可按相关批准用地文件,根据权利取得方式的不同,明确处置方式,参照《不动产登记暂行条例实施细则》(国土资源部令第63号)有关规定,分别办理国有农用地划拨、出让、租赁、作价出资或者入股、授权经营使用权登记手续。

(二)规范国有农用地使用管理。使用国有农用地不得擅自改变土地用途,耕地、林地、草地等农业用途之间相互转换的,应依法依规进行,具体管理办法由国务院相关部门共同制定。国有农用地的有偿使用,严格限定在农垦改革的范围内。农垦企业改革改制中涉及的国有农用地,国家以划拨方式处置的,使用权人可以承包租赁;国家以出让、作价出资或者入股、授权经营方式处置的,考虑农业生产经营特点,合理确定使用年限,最高使用年限不得超过50年,在使用期限内,使用权人可以承包租赁、转让、出租、抵押。国家以租赁方式处置的,使用权人可以再出租。按照严格保护为主的原则,依法规范国有林地使用管理。改变国有农用地权属及农业用途之间相互转换的,应当办理不动产登记手续。

(三)明确国有农场、牧场改革国有农用地资产处置政策。国有农场、牧场改制,应由改制单位提出改制方案,按资产隶属关系向主管部门提出申请,主管部门提出明确意见并征求同级国土资源、发展改革、财政等相关部门意见后,报同级政府批准。对属于省级以上政府批准实行国有资产授权经营的国有独资企业或公司的国有农场、国有牧场等,其涉及国有农用地需以作价出资或者入股、授权经营及划拨方式处置的,由同级国土资源主管部门根据政府批准文件进行土地资产处置。改制单位涉及土地已实行有偿使用或需转为出让或租赁土地使用权的,直接到土地所在地市、县国土资源主管部门申请办理变更登记或有偿用地手续。

(四)完善国有农用地土地等级价体系。开展基于土地调查的农用地等别调查评价与监测工作,定期更新草地、耕地等农用地土地等别数据库。完善农用地定级和估价规程,部署开展农用地定级试点,稳步推进农用地基准地价制定和发布工作,及时反映农用地价格变化。加强农用地价格评估与管理,显化维护国有农用地资产。

四、严格国有土地开发利用和供应管理

(一)严格生态用地保护。按照有度有序利用自然、调整优化空间结构的原则,严格管控土地资源开发利用,促进人与自然和谐共生。对国家相关法律法规和规划明确禁止开发的区域,严禁以任何名义和方式供应国有土地,用于与保护无关的建设项目。

(二)规范国有土地使用权作价出资或者入股、授权经营管理。作价出资或者入股土地使用权实行与出让土地使用权同权同价管理制度,依据不动产登记确认权属,可以转让、出租、抵押。国有企事业单位改制以作价出资或者入股、授权经营方式处置的国有建设用地,依据法律法规改变用途、容积率等规划条件的,应按相关规定调整补交出让金。

(三) 改革完善国有建设用地供应方式。地方政府可依据国家产业政策,对工业用地采取先行以租赁方式提供用地,承租方投资工业项目达到约定条件后再转为出让的先租后让供应方式,或部分用地保持租赁、部分用地转为出让的租让结合供应方式。各地可根据实际情况,实行工业用地弹性年期出让政策。支持各地以土地使用权作价出资或者入股方式供应标准厂房、科技孵化器用地,为小型微型企业提供经营场所,促进大众创业、万众创新。

(四) 规范国有土地使用权抵押管理。国有建设用地使用权抵押应按照物权法、担保法等相关法律法规的规定执行。农垦国有农用地使用权担保要按照《中共中央、国务院关于进一步推进农垦改革发展的意见》(中发〔2015〕33号)的部署,以试点的方式有序开展。

各地区要认真落实本意见要求,加强指导支持,精心组织实施,切实做好扩大国有土地有偿使用范围各项工作。国土资源部将会同有关部门对本意见落实情况进行督促指导,重大事项及时向国务院报告。

国土资源部　国家发展和改革委员会
财政部　住房和城乡建设部农业部　中国人民银行
国家林业局　中国银行业监督管理委员会
2016年12月31日

闲置土地处置办法

中华人民共和国国土资源部令

第 53 号

《闲置土地处置办法》已经 2012 年 5 月 22 日国土资源部第 1 次部务会议修订通过,现予以发布,自 2012 年 7 月 1 日起施行。

国土资源部部长
二〇一二年六月一日

(1999 年 4 月 26 日国土资源部第 6 次部长办公会议通过;根据 2012 年 5 月 22 日国土资源部第 1 次部务会议修订)

第一章 总 则

第一条 为有效处置和充分利用闲置土地,规范土地市场行为,促进节约集约用地,根据《中华人民共和国土地管理法》、

《中华人民共和国城市房地产管理法》及有关法律、行政法规，制定本办法。

第二条　本办法所称闲置土地，是指国有建设用地使用权人超过国有建设用地使用权有偿使用合同或者划拨决定书约定、规定的动工开发日期满一年未动工开发的国有建设用地。

已动工开发但开发建设用地面积占应动工开发建设用地总面积不足三分之一或者已投资额占总投资额不足百分之二十五，中止开发建设满一年的国有建设用地，也可以认定为闲置土地。

第三条　闲置土地处置应当符合土地利用总体规划和城乡规划，遵循依法依规、促进利用、保障权益、信息公开的原则。

第四条　市、县国土资源主管部门负责本行政区域内闲置土地的调查认定和处置工作的组织实施。

上级国土资源主管部门对下级国土资源主管部门调查认定和处置闲置土地工作进行监督管理。

第二章　调查和认定

第五条　市、县国土资源主管部门发现有涉嫌构成本办法第二条规定的闲置土地的，应当在三十日内开展调查核实，向国有建设用地使用权人发出《闲置土地调查通知书》。

国有建设用地使用权人应当在接到《闲置土地调查通知书》之日起三十日内，按照要求提供土地开发利用情况、闲置原因以及相关说明等材料。

第六条　《闲置土地调查通知书》应当包括下列内容：

（一）国有建设用地使用权人的姓名或者名称、地址；

（二）涉嫌闲置土地的基本情况；

（三）涉嫌闲置土地的事实和依据；

（四）调查的主要内容及提交材料的期限；

（五）国有建设用地使用权人的权利和义务；

（六）其他需要调查的事项。

第七条 市、县国土资源主管部门履行闲置土地调查职责，可以采取下列措施：

（一）询问当事人及其他证人；

（二）现场勘测、拍照、摄像；

（三）查阅、复制与被调查人有关的土地资料；

（四）要求被调查人就有关土地权利及使用问题作出说明。

第八条 有下列情形之一，属于政府、政府有关部门的行为造成动工开发延迟的，国有建设用地使用权人应当向市、县国土资源主管部门提供土地闲置原因说明材料，经审核属实的，依照本办法第十二条和第十三条规定处置：

（一）因未按照国有建设用地使用权有偿使用合同或者划拨决定书约定、规定的期限、条件将土地交付给国有建设用地使用权人，致使项目不具备动工开发条件的；

（二）因土地利用总体规划、城乡规划依法修改，造成国有建设用地使用权人不能按照国有建设用地使用权有偿使用合同或者划拨决定书约定、规定的用途、规划和建设条件开发的；

（三）因国家出台相关政策，需要对约定、规定的规划和建设条件进行修改的；

（四）因处置土地上相关群众信访事项等无法动工开发的；

（五）因军事管制、文物保护等无法动工开发的；

（六）政府、政府有关部门的其他行为。

因自然灾害等不可抗力导致土地闲置的，依照前款规定办理。

第九条 经调查核实，符合本办法第二条规定条件，构成闲置土地的，市、县国土资源主管部门应当向国有建设用地使用权人下达《闲置土地认定书》。

第十条 《闲置土地认定书》应当载明下列事项：

（一）国有建设用地使用权人的姓名或者名称、地址；

（二）闲置土地的基本情况；

（三）认定土地闲置的事实、依据；

（四）闲置原因及认定结论；

（五）其他需要说明的事项。

第十一条 《闲置土地认定书》下达后，市、县国土资源主管部门应当通过门户网站等形式向社会公开闲置土地的位置、国有建设用地使用权人名称、闲置时间等信息；属于政府或者政府有关部门的行为导致土地闲置的，应当同时公开闲置原因，并书面告知有关政府或者政府部门。

上级国土资源主管部门应当及时汇总下级国土资源主管部门上报的闲置土地信息，并在门户网站上公开。

闲置土地在没有处置完毕前，相关信息应当长期公开。闲置土地处置完毕后，应当及时撤销相关信息。

第三章 处置和利用

第十二条 因本办法第八条规定情形造成土地闲置的，市、县国土资源主管部门应当与国有建设用地使用权人协商，选择下列方式处置：

（一）延长动工开发期限。签订补充协议，重新约定动工开发、竣工期限和违约责任。从补充协议约定的动工开发日期起，延长动工开发期限最长不得超过一年；

（二）调整土地用途、规划条件。按照新用途或者新规划条件重新办理相关用地手续，并按照新用途或者新规划条件核算、收缴或者退还土地价款。改变用途后的土地利用必须符合土地利用总体规划和城乡规划；

（三）由政府安排临时使用。待原项目具备开发建设条件，国有建设用地使用权人重新开发建设。从安排临时使用之日起，临时使用期限最长不得超过两年；

（四）协议有偿收回国有建设用地使用权；

（五）置换土地。对已缴清土地价款、落实项目资金，且因规划依法修改造成闲置的，可以为国有建设用地使用权人置换其它价值相当、用途相同的国有建设用地进行开发建设。涉及出让土地的，应当重新签订土地出让合同，并在合同中注明为置换土地；

（六）市、县国土资源主管部门还可以根据实际情况规定其他处置方式。

除前款第四项规定外，动工开发时间按照新约定、规定的时间重新起算。

符合本办法第二条第二款规定情形的闲置土地，依照本条规定的方式处置。

第十三条　市、县国土资源主管部门与国有建设用地使用权人协商一致后，应当拟订闲置土地处置方案，报本级人民政府批准后实施。

闲置土地设有抵押权的，市、县国土资源主管部门在拟订闲置土地处置方案时，应当书面通知相关抵押权人。

第十四条　除本办法第八条规定情形外，闲置土地按照下列方式处理：

（一）未动工开发满一年的，由市、县国土资源主管部门报经本级人民政府批准后，向国有建设用地使用权人下达《征缴土地闲置费决定书》，按照土地出让或者划拨价款的百分之二十征缴土地闲置费。土地闲置费不得列入生产成本；

（二）未动工开发满两年的，由市、县国土资源主管部门按照《中华人民共和国土地管理法》第三十七条和《中华人民共和国城市房地产管理法》第二十六条的规定，报经有批准权的人民政府批准后，向国有建设用地使用权人下达《收回国有建设用地使用权决定书》，无偿收回国有建设用地使用权。闲置土地设有抵押权的，同时抄送相关土地抵押权人。

第十五条　市、县国土资源主管部门在依照本办法第十四条规定作出征缴土地闲置费、收回国有建设用地使用权决定前，应当书面告知国有建设用地使用权人有申请听证的权利。国有建设用地使用权人要求举行听证的，市、县国土资源主管部门应当依照《国土资源听证规定》依法组织听证。

第十六条　《征缴土地闲置费决定书》和《收回国有建设用地使用权决定书》应当包括下列内容：

（一）国有建设用地使用权人的姓名或者名称、地址；

（二）违反法律、法规或者规章的事实和证据；

（三）决定的种类和依据；

（四）决定的履行方式和期限；

（五）申请行政复议或者提起行政诉讼的途径和期限；

（六）作出决定的行政机关名称和作出决定的日期；

（七）其他需要说明的事项。

第十七条　国有建设用地使用权人应当自《征缴土地闲置费决定书》送达之日起三十日内，按照规定缴纳土地闲置费；自《收回国有建设用地使用权决定书》送达之日起三十日内，到市、县国土资源主管部门办理国有建设用地使用权注销登记，交回土地权利证书。

国有建设用地使用权人对《征缴土地闲置费决定书》和《收

回国有建设用地使用权决定书》不服的，可以依法申请行政复议或者提起行政诉讼。

第十八条 国有建设用地使用权人逾期不申请行政复议、不提起行政诉讼，也不履行相关义务的，市、县国土资源主管部门可以采取下列措施：

（一）逾期不办理国有建设用地使用权注销登记，不交回土地权利证书的，直接公告注销国有建设用地使用权登记和土地权利证书；

（二）申请人民法院强制执行。

第十九条 对依法收回的闲置土地，市、县国土资源主管部门可以采取下列方式利用：

（一）依据国家土地供应政策，确定新的国有建设用地使用权人开发利用；

（二）纳入政府土地储备；

（三）对耕作条件未被破坏且近期无法安排建设项目的，由市、县国土资源主管部门委托有关农村集体经济组织、单位或者个人组织恢复耕种。

第二十条 闲置土地依法处置后土地权属和土地用途发生变化的，应当依据实地现状在当年土地变更调查中进行变更，并依照有关规定办理土地变更登记。

第四章　预防和监管

第二十一条 市、县国土资源主管部门供应土地应当符合下列要求，防止因政府、政府有关部门的行为造成土地闲置：

（一）土地权利清晰；

（二）安置补偿落实到位；

（三）没有法律经济纠纷；

（四）地块位置、使用性质、容积率等规划条件明确；

（五）具备动工开发所必需的其他基本条件。

第二十二条 国有建设用地使用权有偿使用合同或者划拨决定书应当就项目动工开发、竣工时间和违约责任等作出明确约定、规定。约定、规定动工开发时间应当综合考虑办理动工开发所需相关手续的时限规定和实际情况，为动工开发预留合理时间。

因特殊情况，未约定、规定动工开发日期，或者约定、规定不明确的，以实际交付土地之日起一年为动工开发日期。实际交付土地日期以交地确认书确定的时间为准。

第二十三条 国有建设用地使用权人应当在项目开发建设期间，及时向市、县国土资源主管部门报告项目动工开发、开发进度、竣工等情况。

国有建设用地使用权人应当在施工现场设立建设项目公示牌，公布建设用地使用权人、建设单位、项目动工开发、竣工时间和土地开发利用标准等。

第二十四条 国有建设用地使用权人违反法律法规规定和合同约定、划拨决定书规定恶意囤地、炒地的，依照本办法规定处理完毕前，市、县国土资源主管部门不得受理该国有建设用地使用权人新的用地申请，不得办理被认定为闲置土地的转让、出租、抵押和变更登记。

第二十五条 市、县国土资源主管部门应当将本行政区域内的闲置土地信息按宗录入土地市场动态监测与监管系统备案。闲置土地按照规定处置完毕后，市、县国土资源主管部门应当及时更新该宗土地相关信息。

闲置土地未按照规定备案的，不得采取本办法第十二条规定的方式处置。

第二十六条 市、县国土资源主管部门应当将国有建设用地使用权人闲置土地的信息抄送金融监管等部门。

第二十七条 省级以上国土资源主管部门可以根据情况，对闲置土地情况严重的地区，在土地利用总体规划、土地利用年度计划、建设用地审批、土地供应等方面采取限制新增加建设用地、促进闲置土地开发利用的措施。

第五章　法律责任

第二十八条 市、县国土资源主管部门未按照国有建设用地使用权有偿使用合同或者划拨决定书约定、规定的期限、条件将土地交付给国有建设用地使用权人，致使项目不具备动工开发条件的，应当依法承担违约责任。

第二十九条 县级以上国土资源主管部门及其工作人员违反本办法规定，有下列情形之一的，依法给予处分；构成犯罪的，依法追究刑事责任：

（一）违反本办法第二十一条的规定供应土地的；

（二）违反本办法第二十四条的规定受理用地申请和办理土地登记的；

（三）违反本办法第二十五条的规定处置闲置土地的；

（四）不依法履行闲置土地监督检查职责，在闲置土地调查、认定和处置工作中徇私舞弊、滥用职权、玩忽职守的。

第六章　附　则

第三十条 本办法中下列用语的含义：

动工开发：依法取得施工许可证后，需挖深基坑的项目，基坑开挖完毕；使用桩基的项目，打入所有基础桩；其他项目，地基施工完成三分之一。

已投资额、总投资额：均不含国有建设用地使用权出让价款、划拨价款和向国家缴纳的相关税费。

第三十一条 集体所有建设用地闲置的调查、认定和处置，参照本办法有关规定执行。

第三十二条 本办法自 2012 年 7 月 1 日起施行。

建设用地计划管理办法

计国地〔1996〕1865号

第一章 总 则

第一条 为贯彻"十分珍惜和合理利用每寸土地，切实保护耕地"的基本国策，对各项建设用地实行计划管理，根据《中华人民共和国土地管理法》（以下简称《土地管理法》和国家有关规定，特制定本办法。

第二条 建设用地计划（以下简称用地计划）是国民经济和社会发展计划土地利用计划的组成部分，是加强土地资源宏观管理、调控固定资产投资规模和实施产业政策的重要措施，是审核建设项目可行性研究报告评估和初步设计及审批建设用地的重要依据。

第三条 本办法所称建设用地，包括所有非农建设和农业建设用地。农业建设用地是指农、林、牧、渔场，农村集体经济组织和个人投资修建的直接为农业生产服务的农村道路、农田水利、永久性晒场等常年性工程设施用地。

第四条 国家每年下达的建设用地计划中占用耕地指标，是国家指令性计划指标，并作为考评各级人民政府负责人落实保护耕地目标责任制的主要依据。

第五条 用地计划实行统一计划、分级管理的原则,进行总量控制,分中央和地方两级管理。

第二章 用地计划的编制与下达

第六条 用地计划分为国家、省(自治区、直辖市,下同)、省辖市(地区、自治州,下同)、县(县级市、区,下同)四级。县为基层计划单位。

第七条 用地计划的编制按国民经济和社会发展计划的编制程序执行。具体程序是:省及省以下用地计划的编制,先由各级土地管理部门根据同级计划部门的统一部署,按照国家编制年度计划的要求,根据本地的土地利用规划和土地利用的实际情况提出本地的用地计划建议,报同级计划部门综合平衡后,分别由计划部门和土地管理部门将计划建议报上级计划部门和土地管理部门。

第八条 国务院各部门(含计划单列的大型工业联合企业和企业集团,下同)及军队建设项目的用地计划,报国务院计划部门和土地管理部门,同时抄报建设项目所在地的省级计划部门和土地管理部门。省级计划和土地管理部门在编报用地计划时,应把用地计划包括在内。其中,属于国家重点项目的用地指标和占用耕地66.6公顷(合1000亩)以上、其他土地133.3公顷(合2000亩)以上的项目的用地指标,应逐项列出上报国务院。

第九条 国务院土地管理部门在各地和有关部门报送用地计划建议的基础上,汇总提出全国用地计划建议,报国务院计划部门综合平衡;国务院计划部门提出全国用地计划草案,作为国民经济和社会发展计划草案的组成部分。

第十条 用地计划经批准后,由各级计划部门负责下达。各级土地管理部门按照用地计划下达执行计划,抄送同级计划部门。土地管理部门下达的执行计划必须与各级计划部门的计划相一致。

第十一条　计划单列市和新疆生产建设兵团的用地计划,实行单列。

第三章　用地计划管理

第十二条　各项建设用地必须纳入用地计划,必须严格按用用计划程序和权限报批。凡未纳入年度用地计划的建设项目,不得批准用地,项目不得开工建设。

第十三条　建设项目在可行性研究报告评估和初步设计审查时,须有土地管理部门参加,并提出对项目用地的意见。土地管理部门对不符合土地管理法规和建设用地有关规定,不同意供应土地的建设项目不得批准。

第十四条　国家建设项目申请年度用地,必须持有国家主管部门批准的初步设计或他文件。乡(镇)村集体建设用地项目,必须有计划主管部门批准文件,方可申报用地。农村个人建房用地,必须符合当村(镇)总体规划,并经乡(镇)以上人民政府批准,方可申请用地。

第十五条　用地计划中的耕地指标属指令性,不得突破。国家在编制用地计划时,可适当留有机动指标(包括在总指标内)。各省、自治区、直辖市确需调整计划、增加指标时,按计划编报程序报批。

第四章　用地计划的监督检查

第十六条　各级计划部门和土地管理部门要加强对臸地计划的管理,特别是加强计划执行过程事的监督检查,坚决杜绝计划外用地。

第十七条　建立用地计划执行情况报告制度。各级土地管理部门第半年必须将用地计划的执行情况向上级土地管理部门作出报告,同时抄报同级人民政府及其计划部门,并附计划执行情况分析报告。省级土地管理部门报告截止日期分别为7月20日和1月20日。国务院土地管理部门综合逐级汇总的土地变更调查结果,于每年2月底前将上年的实际建设用地情况报告国务院,抄报计划主管部门。对超出国家计划用地的地区和单位,由计划部门负责核减其下年度的用地计划指标,由土地管理部门负责注销其土地使用权,并根据情节轻重予以通报批评、追究当地政府和单位主要负责人的责任。

第五章 附 则

第十八条 逐步建立土地利用总体规划、五年用地计划和年度用地计划的规划、计划体系。土地利用总体规划是体现土地综合利用、保护耕地的纲要,是编制五年用地计划的重要依据;五年用地计划是分阶段落实土地利用总体规划的中间环节,是指导编制年度用地计划的依据;年度用地计划是按照五年用地计划编制的分年度执行计划。

第十九条 五年和年度用地计划的编制时间与国民经济和社会发展计划相同,按照国家计划委员会规定的计划表格编报。

第二十条 各省、自治区、直辖市可根据本办法制定实施细则。

第二十一条 本办法自发布之日起施行。1987年10月15日由国家计划委员会、国家土地管理局颁布的《建设用地计划管理暂行办法》同时废止。

国家计划委员会
国家土地管理局
1996年9月18日

附 录

建设用地容积率管理办法

住房和城乡建设部
关于印发《建设用地容积率管理办法》的通知
建规〔2012〕22号

各省、自治区住房和城乡建设厅，直辖市规划局（委）：

为规范建设用地容积率管理，提高城乡规划依法行政水平，促进反腐倡廉工作，根据《城乡规划法》、《城市、镇控制性详细规划编制审批办法》，我部制定了《建设用地容积率管理办法》，现印发你们，请认真贯彻落实。

中华人民共和国住房和城乡建设部
二〇一二年二月十七日

第一条 为进一步规范建设用地容积率的管理，根据《中华人民共和国城乡规划法》、《城市、镇控制性详细规划编制审批办法》等法律法规，制定本办法。

第二条 在城市、镇规划区内以划拨或出让方式提供国有土地使用权的建设用地的容积率管理，适用本办法。

第三条 容积率是指一定地块内，总建筑面积与建筑用地面积的比值。

容积率计算规则由省（自治区）、市、县人民政府城乡规划主管部门依据国家有关标准规范确定。

第四条 以出让方式提供国有土地使用权的，在国有土地使用权出让前，城市、县人民政府城乡规划主管部门应当依据控制性详细规划，提出容积率等规划条件，作为国有土地使用权出让合同的组成部分。未确定容积率等规划条件的地块，不得出让国有土地使用权。容积率等规划条件未纳入土地使用权出让合同的，土地使用权出让合同无效。

以划拨方式提供国有土地使用权的建设项目，建设单位应当向城市、县人民政府城乡规划主管部门提出建设用地规划许可申请，由城市、县人民政府城乡规划主管部门依据控制性详细规划核定建设用地容积率等控制性指标，核发建设用地规划许可证。建设单位在取得建设用地规划许可证后，方可向县级以上地方人民政府土地主管部门申请用地。

第五条 任何单位和个人都应当遵守经依法批准的控制性详细规划确定的容积率指标，不得随意调整。确需调整的，应当按本办法的规定进行，不得以政府会议纪要等形式代替规定程序调整容积率。

第六条 在国有土地使用权划拨或出让前需调整控制性详细规划确定的容积率的，应当遵照《城市、镇控制性详细规划编制审批办法》第二十条的规定执行。

第七条 国有土地使用权一经出让或划拨，任何建设单位或个人都不得擅自更改确定的容积率。符合下列情形之一的，方可进行调整：

（一）因城乡规划修改造成地块开发条件变化的；

（二）因城乡基础设施、公共服务设施和公共安全设施建设需要导致已出让或划拨地块的大小及相关建设条件发生变化的；

（三）国家和省、自治区、直辖市的有关政策发生变化的；

（四）法律、法规规定的其他条件。

第八条 国有土地使用权划拨或出让后，拟调整的容积率不符合划拨或出让地块控制性详细规划要求的，应当符合以下程序要求：

（一）建设单位或个人向控制性详细规划组织编制机关提出书面申请并说明变更理由；

（二）控制性详细规划组织编制机关应就是否需要收回国有土地使用权征求有关部门意见，并组织技术人员、相关部门、专家等对容积率修改的必要性进行专题论证；

（三）控制性详细规划组织编制机关应当通过本地主要媒体和现场进行公示等方式征求规划地段内利害关系人的意见，必要时应进行走访、座谈或组织听证；

（四）控制性详细规划组织编制机关提出修改或不修改控制性详细规划的建议，向原审批机关专题报告，并附有关部门意见及论证、公示等情况。经原审批机关同意修改的，方可组织编制修改方案；

（五）修改后的控制性详细规划应当按法定程序报城市、县人民政府批准。报批材料中应当附具规划地段内利害关系人意见及处理结果；

（六）经城市、县人民政府批准后，城乡规划主管部门方可办理后续的规划审批，并及时将变更后的容积率抄告土地主管部门。

第九条 国有土地使用权划拨或出让后，拟调整的容积率符合划拨或出让地块控制性详细规划要求的，应当符合以下程序要求：

（一）建设单位或个人向城市、县城乡规划主管部门提出书面申请报告，说明调整的理由并附拟调整方案，调整方案应表明调整前后的用地总平面布局方案、主要经济技术指标、建筑空间环境、与周围用地和建筑的关系、交通影响评价等内容；

（二）城乡规划主管部门应就是否需要收回国有土地使用权征求有关部门意见，并组织技术人员、相关部门、专家对容积率修改的必要性进行专题论证；

专家论证应根据项目情况确定专家的专业构成和数量，从建立的专家库中随机抽取有关专家，论证意见应当附专家名单和本人签名，保证专家论证的公正性、科学性。专家与申请调整容积率的单位或个人有利害关系的，应当回避；

（三）城乡规划主管部门应当通过本地主要媒体和现场进行公示等方式征求规划地段内利害关系人的意见，必要时应进行走访、座谈或组织听证；

（四）城乡规划主管部门依法提出修改或不修改建议并附有关部门意见、论证、公示等情况报城市、县人民政府批准；

（五）经城市、县人民政府批准后，城乡规划主管部门方可办理后续的规划审批，并及时将变更后的容积率抄告土地主管部门。

第十条　城市、县城乡规划主管部门应当将容积率调整程序、各环节责任部门等内容在办公地点和政府网站上公开。在论证后，应将参与论证的专家名单公开。

第十一条　城乡规划主管部门在对建设项目实施规划管理，必须严格遵守经批准的控制性详细规划确定的容积率。

对同一建设项目，在给出规划条件、建设用地规划许可、建设工程规划许可、建设项目竣工规划核实过程中，城乡规划主管部门给定的容积率均应符合控制性详细规划确定的容积率，且前后一致，并将各环节的审批结果公开，直至该项目竣工验收完成。

对于分期开发的建设项目，各期建设工程规划许可确定的建筑面积的总和，应该符合规划条件、建设用地规划许可证确定的容积率要求。

第十二条 县级以上地方人民政府城乡规划主管部门对建设工程进行核实时，要严格审查建设工程是否符合容积率要求。未经核实或经核实不符合容积率要求的，建设单位不得组织竣工验收。

第十三条 因建设单位或个人原因提出申请容积率调整而不能按期开工的项目，依据土地闲置处置有关规定执行。

第十四条 建设单位或个人违反本办法规定，擅自调整容积率进行建设的，县级以上地方人民政府城乡规划主管部门应按照《城乡规划法》第六十四条规定查处。

第十五条 违反本办法规定进行容积率调整或违反公开公示规定的，对相关责任人员依法给予处分。

第十六条 本办法自2012年3月1日起施行。

建设用地审查报批管理办法

中华人民共和国国土资源部令

第 69 号

《国土资源部关于修改〈建设用地审查报批管理办法〉的决定》，已经 2016 年 11 月 25 日国土资源部第 4 次部务会议审议通过，现予发布，自 2017 年 1 月 1 日起施行。

国土资源部部长
2016 年 11 月 29 日

（1999 年 3 月 2 日中华人民共和国国土资源部令第 3 号发布；2010 年 11 月 30 日第一次修正；根据 2016 年 11 月 25 日《国土资源部关于修改〈建设用地审查报批管理办法〉的决定》第二次修正）

第一条 为加强土地管理，规范建设用地审查报批工作，根据《中华人民共和国土地管理法》（以下简称《土地管理法》）、《中华人民共和国土地管理法实施条例》（以下简称《土地管理法实施条例》），制定本办法。

第二条 依法应当报国务院和省、自治区、直辖市人民政府批准的建设用地的申请、审查、报批和实施，适用本办法。

第三条 县级以上国土资源主管部门负责建设用地的申请受理、审查、报批工作。

第四条 在建设项目审批、核准、备案阶段，建设单位应当向建设项目批准机关的同级国土资源主管部门提出建设项目用地预审申请。

受理预审申请的国土资源主管部门应当依据土地利用总体规划、土地使用标准和国家土地供应政策，对建设项目的有关事项进行预审，出具建设项目用地预审意见。

第五条 在土地利用总体规划确定的城市建设用地范围外单独选址的建设项目使用土地的，建设单位应当向土地所在地的市、县国土资源主管部门提出用地申请。

建设单位提出用地申请时，应当填写《建设用地申请表》，并附具下列材料：

（一）建设项目用地预审意见；

（二）建设项目批准、核准或者备案文件；

（三）建设项目初步设计批准或者审核文件。

建设项目拟占用耕地的，还应当提出补充耕地方案；建设项目位于地质灾害易发区的，还应当提供地质灾害危险性评估报告。

第六条 国家重点建设项目中的控制工期的单体工程和因工期紧或者受季节影响急需动工建设的其他工程，可以由省、自治区、直辖市国土资源主管部门向国土资源部申请先行用地。

申请先行用地，应当提交下列材料：

（一）省、自治区、直辖市国土资源主管部门先行用地申请；

（二）建设项目用地预审意见；

（三）建设项目批准、核准或者备案文件；

（四）建设项目初步设计批准文件、审核文件或者有关部门确认工程建设的文件；

（五）国土资源部规定的其他材料。

经批准先行用地的，应当在规定期限内完成用地报批手续。

第七条 市、县国土资源主管部门对材料齐全、符合条件的建设用地申请,应当受理,并在收到申请之日起 30 日内拟订农用地转用方案、补充耕地方案、征收土地方案和供地方案,编制建设项目用地呈报说明书,经同级人民政府审核同意后,报上一级国土资源主管部门审查。

第八条 在土地利用总体规划确定的城市建设用地范围内,为实施城市规划占用土地的,由市、县国土资源主管部门拟订农用地转用方案、补充耕地方案和征收土地方案,编制建设项目用地呈报说明书,经同级人民政府审核同意后,报上一级国土资源主管部门审查。

在土地利用总体规划确定的村庄和集镇建设用地范围内,为实施村庄和集镇规划占用土地的,由市、县国土资源主管部门拟订农用地转用方案、补充耕地方案,编制建设项目用地呈报说明书,经同级人民政府审核同意后,报上一级国土资源主管部门审查。

报国务院批准的城市建设用地,农用地转用方案、补充耕地方案和征收土地方案可以合并编制,一年申报一次;国务院批准城市建设用地后,由省、自治区、直辖市人民政府对设区的市人民政府分期分批申报的农用地转用和征收土地实施方案进行审核并回复。

第九条 建设只占用国有农用地的,市、县国土资源主管部门只需拟订农用地转用方案、补充耕地方案和供地方案。

建设只占用农民集体所有建设用地的,市、县国土资源主管部门只需拟订征收土地方案和供地方案。

建设只占用国有未利用地,按照《土地管理法实施条例》第二十四条规定应由国务院批准的,市、县国土资源主管部门只需拟订供地方案;其他建设项目使用国有未利用地的,按照省、自治区、直辖市的规定办理。

第十条 建设项目用地呈报说明书应当包括用地安排情况、拟使用土地情况等，并应附具下列材料：

（一）经批准的市、县土地利用总体规划图和分幅土地利用现状图，占用基本农田的，同时提供乡级土地利用总体规划图；

（二）有资格的单位出具的勘测定界图及勘测定界技术报告书；

（三）地籍资料或者其他土地权属证明材料；

（四）为实施城市规划和村庄、集镇规划占用土地的，提供城市规划图和村庄、集镇规划图。

第十一条　农用地转用方案，应当包括占用农用地的种类、面积、质量等，以及符合规划计划、基本农田占用补划等情况。

补充耕地方案，应当包括补充耕地的位置、面积、质量，补充的期限，资金落实情况等，以及补充耕地项目备案信息。

征收土地方案，应当包括征收土地的范围、种类、面积、权属，土地补偿费和安置补助费标准，需要安置人员的安置途径等。

供地方案，应当包括供地方式、面积、用途等。

第十二条　有关国土资源主管部门收到上报的建设项目用地呈报说明书和有关方案后，对材料齐全、符合条件的，应当在5日内报经同级人民政府审核。同级人民政府审核同意后，逐级上报有批准权的人民政府，并将审查所需的材料及时送该级国土资源主管部门审查。

对依法应由国务院批准的建设项目用地呈报说明书和有关方案，省、自治区、直辖市人民政府必须提出明确的审查意见，并对报送材料的真实性、合法性负责。

省、自治区、直辖市人民政府批准农用地转用、国务院批准征收土地的，省、自治区、直辖市人民政府批准农用地转用方案后，应当将批准文件和下级国土资源主管部门上报的材料一并上报。

第十三条　有批准权的国土资源主管部门应当自收到上报的农用地转用方案、补充耕地方案、征收土地方案和供地方案并按规定征求有关方面意见后 30 日内审查完毕。

建设用地审查应当实行国土资源主管部门内部会审制度。

第十四条 农用地转用方案和补充耕地方案符合下列条件的，国土资源主管部门方可报人民政府批准：

（一）符合土地利用总体规划；

（二）确属必需占用农用地且符合土地利用年度计划确定的控制指标；

（三）占用耕地的，补充耕地方案符合土地整理开发专项规划且面积、质量符合规定要求；

（四）单独办理农用地转用的，必须符合单独选址条件。

第十五条 征收土地方案符合下列条件的，国土资源主管部门方可报人民政府批准：

（一）被征收土地界址、地类、面积清楚，权属无争议的；

（二）被征收土地的补偿标准符合法律、法规规定的；

（三）被征收土地上需要安置人员的安置途径切实可行。

建设项目施工和地质勘查需要临时使用农民集体所有的土地的，依法签订临时使用土地合同并支付临时使用土地补偿费，不得办理土地征收。

第十六条 供地方案符合下列条件的，国土资源主管部门方可报人民政府批准：

（一）符合国家的土地供应政策；

（二）申请用地面积符合建设用地标准和集约用地的要求；

（三）只占用国有未利用地的，符合规划、界址清楚、面积准确。

第十七条 农用地转用方案、补充耕地方案、征收土地方案和供地方案经有批准权的人民政府批准后，同级国土资源主管部门应当在收到批件后 5 日内将批复发出。

未按规定缴纳新增建设用地土地有偿使用费的，不予批复建设用地。其中，报国务院批准的城市建设用地，省、自治区、直辖市人民政府在设区的市人民政府按照有关规定缴纳新增建设用地土地有偿使用费后办理回复文件。

第十八条 经批准的农用地转用方案、补充耕地方案、征收土地方案和供地方案，由土地所在地的市、县人民政府组织实施。

第十九条 建设项目补充耕地方案经批准下达后，在土地利用总体规划确定的城市建设用地范围外单独选址的建设项目，由市、县国土资源主管部门负责监督落实；在土地利用总体规划确定的城市和村庄、集镇建设用地范围内，为实施城市规划和村庄、集镇规划占用土地的，由省、自治区、直辖市国土资源主管部门负责监督落实。

第二十条 征收土地公告和征地补偿、安置方案公告，按照《征收土地公告办法》的有关规定执行。

征地补偿、安置方案确定后，市、县国土资源主管部门应当依照征地补偿、安置方案向被征收土地的农村集体经济组织和农民支付土地补偿费、地上附着物和青苗补偿费，并落实需要安置农业人口的安置途径。

第二十一条 在土地利用总体规划确定的城市建设用地范围内，为实施城市规划占用土地的，经依法批准后，市、县国土资源主管部门应当公布规划要求，设定使用条件，确定使用方式，并组织实施。

第二十二条 以有偿使用方式提供国有土地使用权的，由市、县国土资源主管部门与土地使用者签订土地有偿使用合同，并向建设单位颁发《建设用地批准书》。土地使用者缴纳土地有偿使用费后，依照规定办理土地登记。

以划拨方式提供国有土地使用权的，由市、县国土资源主管部门向建设单位颁发《国有土地划拨决定书》和《建设用地批准书》，依照规定办理土地登记。《国有土地划拨决定书》应当包括划拨土地面积、土地用途、土地使用条件等内容。

建设项目施工期间，建设单位应当将《建设用地批准书》公示于施工现场。

市、县国土资源主管部门应当将提供国有土地的情况定期予以公布。

第二十三条 各级国土资源主管部门应当对建设用地进行跟踪检查。

对违反本办法批准建设用地或者未经批准非法占用土地的，应当依法予以处罚。

第二十四条 本办法自发布之日起施行。

财政部关于城乡建设用地增减挂钩试点有关财税政策问题的通知

财综〔2014〕7号

各省、自治区、直辖市、计划单列市财政厅（局）：

2006年以来，经国土资源部批准，各地陆续开展了城乡建设用地增减挂钩试点（以下简称增减挂钩）工作，对于促进节约集约用地、缓解土地供需矛盾、保护耕地资源、统筹城乡发展起到积极作用。根据《国务院关于严格规范增减挂钩试点切实做好农村土地整治工作的通知》（国发〔2010〕47号）、《国务院办公厅关于规范国有土地使用权出让收支管理的通知》（国办发〔2006〕100号）等规定，现就增减挂钩中有关财税政策问题通知如下：

一、加强增减挂钩相关收入征管，落实"收支两条线"政策

在实施增减挂钩中，市县国土资源管理部门依法供应用于城镇建设的地块（即建新地块）形成的土地出让收入，包括利用增减挂钩节余指标供应土地形成的土地出让收入，均应当按照国办发〔2006〕100号文件规定，就地全额缴入国库，实行"收支两条线"管理，并按照不同供地方式分别填列《政府收支分类科目》"1030148国有土地使用权出让收入"中的相应目级科目。增减挂钩地区试行土地节余指标交易流转的，其土地节余指标交易流转收入应当作为土地出让收入的一部分，全额缴入国库，实行"收支两条线"管理，缴库时填列《政府收支分类科目》中的"103014899其他收入"科目。市县财政部门应当会同国土资源管理部门加强增减挂钩相关收入征收管理，确保相关收入及时足额缴库，不得随意减免或返还相关收入，也不得账外设账、截留、挤占和挪作他用。

二、规范增减挂钩支出管理,加大对增减挂钩项目的支持力度

在实施增减挂钩中,要做好农村居民的拆迁补偿安置工作,规范项目支出管理,加大财政支持力度。其中,农村居民住宅等拆迁补偿所需费用,新建农村居民安置住房所需费用,以及新建农村居民安置住房社区中的道路、供水、供电、供气、排水、通讯、照明、污水、环境、卫生、文化、公共绿地、公共厕所、消防等公共基础设施建设支出,可以通过预算从土地出让收入中安排;整理复垦为耕地的农村建设用地地块(即拆旧地块)所需费用,可以按照"渠道不乱、用途不变、统筹安排、集中投入、各负其责、各计其功、形成合力"的原则,通过预算从土地出让收益中计提的农业土地开发资金、农田水利建设资金以及新增建设用地土地有偿使用费、耕地开垦费、土地复垦费等资金来源安排;新建农村居民安置住房社区中的学前教育、义务教育等相关开支,可以通过预算从土地出让收益中计提的教育资金等相关资金渠道中安排。

三、建立增减挂钩项目支出预决算制度,按照项目实施进度核拨资金

实施增减挂钩项目的单位,应当按照同级财政部门的规定编报项目支出预算,经同级财政部门审核后纳入年度土地出让支出预算,按规定程序报同级人民政府同意,并报同级人大审议批准后实施。增减挂钩项目单位申请拨款,应当依据批准的预算,提出年度分季分月用款计划,报同级财政部门批准后,按照项目实施进度核拨资金,并根据用途分别填列相应的土地出让支出科目。对于未列入预算的增减挂钩支出项目,财政部门一律不得安排资金。年度终了,实施增减挂钩项目的单位,应当按同级财政部门的规定,编报增减挂钩项目支出决算,经同级财政部门审核后纳入年度土地出让支出决算,按规定程序报同级人民政府同意,并报同级人大审议批准。

四、明确增减挂钩税费优惠政策，减轻增减挂钩项目负担

为支持增减挂钩工作，减轻增减挂钩项目负担，对增减挂钩项目实施税费优惠政策。根据《耕地占用税暂行条例实施细则》（财政部令第49号）的有关规定，增减挂钩项目中农村居民经批准搬迁，原宅基地恢复耕种，新建农村居民安置住房占用耕地面积不超过原宅基地面积的，不征收耕地占用税；超过原宅基地面积的，对超过部分按照当地适用税额减半征收耕地占用税；新建农村居民住房社区中学校、道路等占用耕地符合减免条件的，可以依法减免耕地占用税。增减挂钩项目中新建农村居民安置住房和社区公共基础设施用地，以及增减挂钩项目所在市县利用节余指标供应国有建设用地，未超过国土资源部下达增减挂钩周转指标的，可以不缴纳新增建设用地土地有偿使用费、耕地开垦费；上述用地超出国土资源部下达增减挂钩周转指标的部分，以及节余指标在其他市县交易流转供应相应面积的国有建设用地，凡涉及农用地、未利用地转为建设用地的，均应当依法缴纳新增建设用地土地有偿使用费、耕地开垦费。

五、坚持量力而行的原则，从严控制增减挂钩项目的债务规模

实施增减挂钩应当充分尊重农村居民意愿，坚持群众自愿、因地制宜、统筹安排、分步实施、量力而行的原则。增减挂钩项目单位需要举借债务的，应当与开展增减挂钩项目所需自筹资金相适应，从严控制债务规模。属于地方政府性债务的，纳入地方政府性债务统一管理，并严格执行地方政府性债务管理政策。增减挂钩项目单位举债筹集的资金，应当实行银行专账管理，专项用于与增减挂钩项目相关的开支，不得挤占和挪作他用。

六、加大监督检查力度，提高增减挂钩项目实施效果

为确保增减挂钩不走样，防止出现"重建新、轻拆旧"、"重指标、轻复垦"问题，市县财政部门应当加强增减挂钩项目及其相关收支的监督管理，保障农村居民合法权益，督促增减挂钩项目资金按照规定管理和使用，落实相关税费优惠政策。同时，将增减挂钩项目纳入审计范围，督促相关单位严格按规定程序和要求实施增减挂钩项目，优化用地结构，节约集约利用建设用地，加快整理复垦耕地进度，保障整理复垦耕地的数量和质量，增加耕地有效面积，提高增减挂钩项目实施效果。

实施增减挂钩是改善农村生产生活条件、促进农业现代化建设、提高节约集约用地水平、统筹城乡发展、保护耕地的一项重要措施，各级财政部门要高度重视这项工作，加强部门协调与配合，齐心协力共同做好这项工作，确保增减挂钩工作有序规范开展和顺利实施。

财政部

2014 年 1 月 26 日

关于完善建设用地使用权转让、
出租、抵押二级市场的试点方案

国土资源部印发《关于完善建设用地使用权转让、出租、抵押二级市场的试点方案》的通知

国土资发〔2017〕12号

省、自治区、直辖市人民政府,国务院有关部委、直属机构:

经党中央、国务院同意,现将《关于完善建设用地使用权转让、出租、抵押二级市场的试点方案》印发你们,请认真贯彻执行。

2017年1月22日

土地二级市场是我国城乡统一建设用地市场的重要组成部分。实行土地有偿使用制度近30年来,土地二级市场对促进土地资源的优化配置和节约集约利用、加快工业化和城镇化进程发挥了积极作用。随着经济社会发展和改革深入,土地二级市场运行发展中的一些问题也逐步凸显,交易规则不健全,政府的服务和监管不完善,交易信息不对称、交易平台不规范等问题比较突出,制约了存量土地资源的盘活利用,难以满足新型城镇化和经济转型发展需要。按照党的十八届三中全会关于完善土地二级市场的决策部署和中央全面深化改革工作要求,制定本试点方案。

一、总体要求

(一)指导思想。全面贯彻党的十八大和十八届三中、四中、五中、六中全会精神,深入学习贯彻习近平总书记系列重要讲话精

神,紧紧围绕统筹推进"五位一体"总体布局和协调推进"四个全面"战略布局,牢固树立创新、协调、绿色、开放、共享的发展理念,按照党中央、国务院决策部署,根据使市场在资源配置中起决定性作用和更好发挥政府作用的要求,坚持问题导向,以建立城乡统一的建设用地市场为方向,以促进土地要素流通顺畅为核心,以提高存量土地资源配置效率为目的,以不动产登记为基础,与城乡规划、土地利用总体规划及相关产业规划相衔接,着力构建完善土地二级市场规则,健全服务和监管体系,提高节约集约用地水平,为经济社会持续健康发展、全面建成小康社会提供用地保障。

(二)基本原则。

把握正确方向。坚持市场经济改革方向,突出市场配置资源的决定性作用,落实"放管服"总体要求,强化监管责任,不断健全和发展城乡统一建设用地市场。

规范市场运行。完善交易规则,维护市场秩序,保证市场主体能在公开、公平、公正的市场环境下进行交易,保障市场依法依规运行、健康有序发展,促进要素流通,提高资源配置效率。

维护合法权益。充分尊重权利人意愿,保障市场主体合法权益。切实维护土地所有权人权益。

提高服务效能。强化服务意识,优化交易流程,降低交易成本,提升服务水平,提高办事效率,方便群众办事。

注重改革协同。注重与不动产统一登记、集体经营性建设用地入市等改革协同,加强部门协作,形成改革合力。

(三)试点目标。通过改革试点,到2018年年底,在相关地区建立符合城乡统一建设用地市场要求、产权明晰、市场定价、信息集聚、交易安全的土地二级市场,市场规则基本完善,土地资源配置效率显著提高,形成一批可复制、可推广的改革成果,为构建城乡统一的建设用地市场、形成竞争有序的土地市场体系、修改完善相关法律法规提供支撑。

（四）试点范围和地区。试点的范围是建设用地使用权的转让、出租和抵押，重点针对土地交易，以及土地连同地上建筑物、其他附着物一并交易的情况。

试点地区选择转让、出租、抵押等交易量较大且不动产登记工作基础较好的大、中城市，共34个市县（详见附件）。其中6个已开展集体经营性建设用地入市试点的县（区）同时开展国有和集体土地二级市场试点。

二、试点政策措施

（一）完善交易机制。

1. 完善建设用地使用权转让机制。明确建设用地使用权转让形式。将各类导致建设用地使用权转移的行为都视为建设用地使用权转让，包括买卖、交换、赠与、出资等，以及司法处置、资产处置、法人或其他组织合并或分立等形式涉及的建设用地使用权转移。建设用地使用权转移的，地上建筑物、其他附着物所有权应一并转移。

明晰不同权能建设用地使用权转让的必要条件。明确以划拨、出让、作价出资（入股）和授权经营等方式供应的建设用地在转让前应满足的条件。以划拨方式取得的建设用地使用权转让，土地用途符合《划拨用地目录》的，可不补缴出让收入，直接办理不动产登记手续；不符合《划拨用地目录》的，由受让方依法依规足额补缴土地出让收入。以出让方式取得的建设用地使用权转让的，在符合法律法规规定和出让合同约定的前提下，应保障其交易自由；原出让合同对转让条件另有约定的，从其约定。以作价出资（入股）和授权经营方式取得的建设用地使用权转让，可以参照以出让方式取得的建设用地使用权转让规定。

完善土地分割转让政策。探索土地分割转让措施，明确分割条件，规范分割流程，促进存量土地盘活利用。

实施差别化的税费政策。各地可根据本地实际,在地方权限内探索差别化的税费政策。充分发挥城镇土地使用税在节约集约用地中的作用。对于闲置土地,从严征收土地闲置费。

2. 完善建设用地使用权出租机制。以出让方式取得的建设用地使用权出租或以租赁方式取得建设用地使用权转租的,不得违反法律法规和出让合同或租赁合同的相关约定。以划拨方式取得的建设用地使用权出租的,应经依法批准,并按照有关规定上缴应缴的土地出让收入。研究建立划拨建设用地使用权出租的巡查发现、举报和查处机制,严格加强监管。国土资源、财政、税务、工商等部门应加强协作,在不动产登记、税务、工商等方面加强联动,加大土地出让收入征收管理力度,防止国有资产流失。

3. 完善建设用地使用权抵押机制。放宽对抵押权人的限制。按照债权平等原则,明确自然人、企业均可作为抵押权人依法申请以建设用地使用权及其地上房屋等建筑物、构筑物所有权办理不动产抵押登记。合理确定划拨建设用地使用权抵押价值。以划拨方式取得的建设用地使用权依法抵押,其抵押价值应根据划拨建设用地使用权权益价格设定。

(二) 创新运行模式。

1. 建立交易平台。在现有市(县、区)国土资源部门的土地交易机构或平台基础上搭建统一的二级市场交易平台,提供服务场所,办理交易事务,建立统一的信息系统,提供信息发布、归集和查询服务,主动接受社会监督。

2. 规范交易流程。明确土地二级市场各交易环节和流程的基本规则,建立"信息发布—达成交易—签订合同—交易监管"的交易流程。以划拨方式取得的建设用地使用权交易的,土地交易管理部门应对划拨决定书的履约情况以及交易的合法合规性等进行审核;以出让方式取得的建设用地使用权交易的,土地交易管理部门应切实加强事中事后监管。交易合同包括建设用地使用权转让合同、建设用地使用权出租合同、建设用地使用权抵押合同等。试点地区要研究制定土地二级市场交易合同示范文本。

3. 加强交易管理与不动产登记的有序衔接。各地要建立健全土地交易平台和不动产登记信息平台的互通共享机制。土地交易管理部门要将土地转让、出租、抵押交易监管信息等原始资料提供给不动产登记机构。

（三）健全服务体系。

1. 培育和规范中介组织。发挥社会中介组织在市场交易活动中的桥梁作用，发展相关机构，为交易提供咨询、估价、经纪等服务。各地要加强指导和监管，引导其诚信经营，对失信的要建立惩戒和退出机制。

2. 做好咨询和调解服务。发挥土地交易机构或平台的专业优势，提供法律、政策咨询服务，协调矛盾，化解纠纷，营造良好的交易环境。

3. 提高办事效率。在土地交易机构或平台内汇集税务、金融等相关部门或机构的办事窗口，为交易各方提供一站式服务，提高办事效率和服务水平。

（四）加强监测监管。

1. 强化监测分析。各地要健全土地二级市场动态监测监管制度，完善监测监管信息系统，掌握土地转让、出租、抵押的数量、结构、价款、时序等信息，研判分析市场形势。

2. 完善市场调控。强化一、二级土地市场联动，加强土地投放总量、结构、时序等的衔接，适时运用财税、金融等手段，加强对土地市场的整体调控。

3. 强化价格监管。完善公示地价体系，定期发布基准地价或标定地价。完善土地二级市场的价格形成、监测、指导、监督机制，防止交易价格异常波动，维护市场平稳运行。交易主体应当如实申报交易价格，不得瞒报或者作不实申报。申报价格低于基准地价或标定地价一定比例的，政府可行使优先购买权；高于基准地价或标定地价一定比例的，政府可依法依规实施交易管制。

4. 加强合同履约监管。土地转让后，出让合同和登记文件中所载明的权利、义务随之转移，受让人应依法履行。国土资源、住房城乡建设等部门要加强合同履约监管，并将相关情况纳入诚信体系进行信用考评。

5. 严格责任追究。要强化监督问责，减少寻租空间，对违反土地二级市场相关规定的地方政府和有关部门、单位以及责任人员严格实行责任追究，坚决打击各种腐败行为。

（五）强化部门协作。

各级国土资源、住房城乡建设（房产、规划）、财税、国有资产管理、工商、金融监管等部门要建立联动机制，落实相关责任，强化沟通衔接。加强涉地司法处置的衔接，对于司法处置涉及建设用地使用权转移的案件，国土资源部门应加强与地方人民法院的沟通，主动提供所涉不动产的权利状况。加强涉地资产处置的衔接，国有资产等管理部门进行国有资产处置时涉及建设用地使用权转移的，在处置前应取得规划、国土资源部门出具的意见，并如实告知当事人。

三、组织实施

（一）加强组织保障。各地区各有关部门要加强协调配合，稳妥有序推进试点。国土资源部会同财政部、住房城乡建设部、农业部、人民银行、税务总局、工商总局、银监会等单位或部门，建立共同推进试点的工作机制，统筹协调和指导支持试点各项工作。试点地区所在省、市、县（区）各级政府及有关部门要采取有力措施，保障试点运行。

（二）推进试点实施。

1. 编制实施方案。有关地区省级国土资源部门要会同相关部门根据本方案组织试点地区编制实施方案，经省级政府同意后，由省级国土资源部门报国土资源部批复。

2. 部署启动试点。有关地区省级国土资源部门要会同相关部门，指导试点地区根据批复的方案，尽快完成各项基础性准备工作，完善工作机制，明确责任分工，部署开展试点。2017年3月底前就试点工作启动、机构设立、规章制度建设、部署实施等情况，形成汇总报告报国土资源部。

3. 试点实施、跟踪及总结。国土资源部和有关地区省级政府加强对试点工作的指导，及时研究解决试点中存在的问题。按照边试点、边研究、边总结、边提炼的要求推进试点工作，2017年11月底前，试点地区就试点做法与成效等形成年度进展报告，经省级政府同意后报国土资源部。国土资源部会同有关部门开展试点中期评估，形成评估报告按程序上报。2018年8月底前，试点地区形成试点总结报告，总结政策实施效果、提出相关法律法规的修改建议，经省级政府同意后报国土资源部。2018年12月底前，国土资源部会同相关部门全面总结试点经验，形成全国试点工作总结报告，按程序报送党中央、国务院。

（三）强化指导监督。各地区各有关部门要按照职责分工，加强对试点工作的指导监督，依法规范运行。要注意分类指导，尊重基层首创精神，健全激励和容错纠错机制，允许进行差别化探索，切实做到封闭运行、风险可控，发现问题及时纠偏。

（四）完善制度建设。国土资源部会同相关部门，密切跟踪试点地区工作进展，主动适应改革和经济社会发展的需要，完善配套制度，并及时提出制订和修改相关法律、法规、政策的建议。

（五）做好宣传引导。试点地区要加强对试点工作的监督管理，密切关注舆情动态，妥善回应社会关切，重大问题及时报告。

农村宅基地政策

关于加强农村宅基地管理的意见

国土资源部
关于印发《关于加强农村宅基地管理的意见》的通知
国土资发〔2004〕234号

各省、自治区、直辖市国土资源厅(国土环境资源厅、国土资源和房屋管理局、房屋土地资源管理局、规划和国土资源局),解放军土地管理局,新疆生产建设兵团国土资源局:

为认真贯彻落实《国务院关于深化改革严格土地管理的决定》(国发〔2004〕28号,以下简称《决定》)精神,切实加强农村宅基地管理,部制定了《关于加强农村宅基地管理的意见》,并经第9次部务会议讨论通过,现予印发,请各地认真贯彻执行。

各省、自治区、直辖市国土资源管理部门要按照《决定》精神和本意见的要求,结合本地实际,抓紧制定和完善农村宅基地管理的具体办法,于 2005 年 3 月底前报部备案。

二〇〇四年十一月二日

为切实落实《国务院关于深化改革严格土地管理的决定》(国发〔2004〕28 号),进一步加强农村宅基地管理,正确引导农村村民住宅建设合理、节约使用土地,切实保护耕地,现提出以下意见:

一、严格实施规划,从严控制村镇建设用地规模

(一)抓紧完善乡(镇)土地利用总体规划。各地要结合土地利用总体规划修编工作,抓紧编制完善乡(镇)土地利用总体规划,按照统筹安排城乡建设用地的总要求和控制增量、合理布局、集约用地、保护耕地的总原则,合理确定小城镇和农村居民点的数量、布局、范围和用地规模。经批准的乡(镇)土地利用总体规划,应当予以公告。

国土资源管理部门要积极配合有关部门,在已确定的村镇建设用地范围内,做好村镇建设规划。

(二)按规划从严控制村镇建设用地。各地要采取有效措施,引导农村村民住宅建设按规划、有计划地逐步向小城镇和中心村集中。对城市规划区内的农村村民住宅建设,应当集中兴建农民住宅小区,防止在城市建设中形成新的"城中村",避免"二次拆迁"。对城市规划区范围外的农村村民住宅建设,按照城镇化和集约用地的要求,鼓励集中建设农民新村。在规划撤并的村庄范围内,除危房改造外,停止审批新建、重建、改建住宅。

(三)加强农村宅基地用地计划管理。农村宅基地占用农用地应纳入年度计划。省(区、市)在下达给各县(市)用于城乡建设占用农用地的年度计划指标中,可增设农村宅基地占用农用地的

计划指标。农村宅基地占用农用地的计划指标应和农村建设用地整理新增加的耕地面积挂钩。县(市)国土资源管理部门对新增耕地面积检查、核定后,应在总的年度计划指标中优先分配等量的农用地转用指标用于农民住宅建设。

省级人民政府国土资源管理部门要加强对各县(市)农村宅基地占用农用地年度计划执行情况的监督检查,不得超计划批地。各县(市)每年年底应将农村宅基地占用农用地的计划执行情况报省级人民政府国土资源管理部门备案。

二、改革和完善宅基地审批制度,规范审批程序

(四)改革和完善农村宅基地审批管理办法。各省(区、市)要适应农民住宅建设的特点,按照严格管理,提高效率,便民利民的原则,改革农村村民建住宅占用农用地的审批办法。各县(市)可根据省(区、市)下达的农村宅基地占用农用地的计划指标和农村村民住宅建设的实际需要,于每年年初一次性向省(区、市)或设区的市、自治州申请办理农用地转用审批手续,经依法批准后由县(市)按户逐宗批准供应宅基地。

对农村村民住宅建设利用村内空闲地、老宅基地和未利用土地的,由村、乡(镇)逐级审核,批量报县(市)批准后,由乡(镇)逐宗落实到户。

(五)严格宅基地申请条件。坚决贯彻"一户一宅"的法律规定。农村村民一户只能拥有一处宅基地,面积不得超过省(区、市)规定的标准。各地应结合本地实际,制定统一的农村宅基地面积标准和宅基地申请条件。不符合申请条件的不得批准宅基地。

农村村民将原有住房出卖、出租或赠与他人后,再申请宅基地的,不得批准。

(六)规范农村宅基地申请报批程序。农村村民建住宅需要使用宅基地的,应向本集体经济组织提出申请,并在本集体经济组织

或村民小组张榜公布。公布期满无异议的,报经乡(镇)审核后,报县(市)审批。经依法批准的宅基地,农村集体经济组织或村民小组应及时将审批结果张榜公布。

各地要规范审批行为,健全公开办事制度,提供优质服务。县(市)、乡(镇)要将宅基地申请条件、申报审批程序、审批工作时限、审批权限等相关规定和年度用地计划向社会公告。

(七)健全宅基地管理制度。在宅基地审批过程中,乡(镇)国土资源管理所要做到"三到场"。即:受理宅基地申请后,要到实地审查申请人是否符合条件、拟用地是否符合规划等;宅基地经依法批准后,要到实地丈量批放宅基地;村民住宅建成后,要到实地检查是否按照批准的面积和要求使用土地。各地一律不得在宅基地审批中向农民收取新增建设用地土地有偿使用费。

(八)加强农村宅基地登记发证工作。市、县国土资源管理部门要加快农村宅基地土地登记发证工作,做到宅基地土地登记发证到户,内容规范清楚,切实维护农民的合法权益。要加强农村宅基地的变更登记工作,变更一宗,登记一宗,充分发挥地籍档案资料在宅基地监督管理上的作用,切实保障"一户一宅"法律制度的落实。要依法、及时调处宅基地权属争议,维护社会稳定。

三、积极推进农村建设用地整理,促进土地集约利用

(九)积极推进农村建设用地整理。县市和乡(镇)要根据土地利用总体规划,结合实施小城镇发展战略与"村村通"工程,科学制定和实施村庄改造、归并村庄整治计划,积极推进农村建设用地整理,提高城镇化水平和村镇土地集约利用水平,努力节约使用集体建设用地。农村建设用地整理,要按照"规划先行、政策引导、村民自愿、多元投入"的原则,按规划、有计划、循序渐进、积极稳妥地推进。

(十)加大盘活存量建设用地力度。各地要因地制宜地组织开

展"空心村"和闲置宅基地、空置住宅、"一户多宅"的调查清理工作。制定消化利用的规划、计划和政策措施，加大盘活存量建设用地的力度。农村村民新建、改建、扩建住宅，要充分利用村内空闲地、老宅基地以及荒坡地、废弃地。凡村内有空闲地、老宅基地未利用的，不得批准占用耕地。利用村内空闲地、老宅基地建住宅的，也必须符合规划。对"一户多宅"和空置住宅，各地要制定激励措施，鼓励农民腾退多余宅基地。凡新建住宅后应退出旧宅基地的，要采取签订合同等措施，确保按期拆除旧房，交出旧宅基地。

（十一）加大对农村建设用地整理的投入。对农民宅基地占用的耕地，县（市）、乡（镇）应组织村集体经济组织或村民小组进行补充。省（区、市）及市、县应从用于农业土地开发的土地出让金、新增建设用地土地有偿使用费、耕地开垦费中拿出部分资金，用于增加耕地面积的农村建设用地整理，确保耕地面积不减少。

四、加强法制宣传教育，严格执法

（十二）加强土地法制和国策的宣传教育。各级国土资源管理部门要深入持久地开展宣传教育活动，广泛宣传土地国策国情和法规政策，提高干部群众遵守土地法律和珍惜土地的意识，增强依法管地用地、集约用地和保护耕地的自觉性。

（十三）严格日常监管制度。各地要进一步健全和完善动态巡查制度，切实加强农村村民住宅建设用地的日常监管，及时发现和制止各类土地违法行为。要重点加强城乡结合部地区农村宅基地的监督管理。严禁城镇居民在农村购置宅基地，严禁为城镇居民在农村购买和违法建造的住宅发放土地使用证。

要强化乡（镇）国土资源管理机构和职能，充分发挥乡（镇）国土资源管理所在宅基地管理中的作用。积极探索防范土地违法行为的有效措施，充分发挥社会公众的监督作用。对严重违法行为，要公开曝光，用典型案例教育群众。

国土资源部关于进一步完善农村宅基地管理制度切实维护农民权益的通知

国土资发〔2010〕28号

各省、自治区、直辖市国土资源厅（国土环境资源厅、国土资源局、国土资源和房屋管理局、规划和国土资源管理局），副省级城市国土资源行政主管部门，各派驻地方的国家土地督察局：

规范农村宅基地管理，对于统筹城乡发展，促进节约集约用地，维护农民的合法权益，推进社会主义新农村建设，保持农村社会稳定和经济可持续发展具有重要意义。为贯彻落实中央有关要求，现就进一步完善农村宅基地管理制度，切实维护农民权益的有关问题通知如下：

一、加强规划计划控制引导，合理确定村庄宅基地用地布局规模

（一）加强农村住宅建设用地规划计划控制。根据新农村建设的需要，省级国土资源行政管理部门要统筹安排并指导市、县国土资源行政管理部门，结合新一轮乡（镇）土地利用总体规划修编，组织编制村土地利用规划，报县级人民政府审批。在县级土地利用总体规划确定的城镇建设扩展边界内的村土地利用规划，要与城镇规划相衔接，合理划定农民住宅建设用地范围；在土地利用总体规划确定的城镇建设扩展边界外的村庄，县级国土资源管理部门要在摸清宅基地利用现状和用地需求的基础上，以乡（镇）土地利用总体规划和村土地利用规划为控制，组织编制村庄宅基地现状图、住宅建设用地规划图和宅基地需求预测十年计划表（即"两图一

表"），制定完善宅基地申请审批制度，张榜公布，指导农民住宅建设按规划、有计划、规范有序进行。

（二）科学确定农村居民点用地布局和规模。市、县在新一轮土地利用总体规划修编中，要按照城乡一体化的要求，结合城镇规划，合理确定土地利用总体规划划定的城镇建设扩展边界内的城郊、近郊农村居民点用地布局，严格控制建设用地规模，防止出现新的"城中村"。对土地利用总体规划确定的城镇建设扩展边界外的村庄，要结合县域镇村体系规划、新农村发展规划和产业规划，在乡（镇）土地利用总体规划中合理确定保留、调整和重点发展的农村居民点用地，统筹农村公益事业、基础设施、生活、生态、生产用地需求，合理确定中心村和新村建设用地规模，指导农民住宅和村庄建设按规划有序进行。

（三）改进农村宅基地用地计划管理方式。新增农村宅基地建设用地应纳入土地利用年度计划，各地在下达年度土地利用计划指标时应优先安排农村宅基地用地计划指标，切实保障农民住宅建设合理用地需求。占用耕地的，必须依法落实占补平衡。农村建设用地计划指标应结合农村居民点布局和结构调整，重点用于小城镇和中心村建设，控制自然村落无序扩张。

二、严格标准和规范，完善宅基地管理制度

（四）严格宅基地面积标准。宅基地是指农民依法取得的用于建造住宅及其生活附属设施的集体建设用地，"一户一宅"是指农村居民一户只能申请一处符合规定面积标准的宅基地。各地要结合本地资源状况，按照节约集约用地的原则，严格确定宅基地面积标准。要充分发挥村自治组织依法管理宅基地的职能。加强对农村宅基地申请利用的监管。农民新申请的宅基地面积，必须控制在规定的标准内。

（五）合理分配宅基地。土地利用总体规划确定的城镇建设扩展边界内的城郊、近郊农村居民点用地,原则上不再进行单宗分散的宅基地分配,鼓励集中建设农民新居。土地利用总体规划确定的城镇建设扩展边界外的村庄,要严格执行一户只能申请一处符合规定面积标准的宅基地的政策。经济条件较好、土地资源供求矛盾突出的地方,允许村自治组织对新申请宅基地的住户开展宅基地有偿使用试点。试点方案由村自治组织通过村民会议讨论提出,经市、县国土资源管理部门审核报省级国土资源管理部门批准实施,接受监督管理。

(六)规范宅基地审批程序。各地要根据实施土地利用总体规划和规范农民建房用地的需要,按照公开高效、便民利民的原则,规范宅基地审批程序。在土地利用总体规划确定的城镇建设扩展边界内,县(市)要统筹安排村民住宅建设用地。在土地利用总体规划确定的城镇建设扩展边界外,已经编制完成村土地利用规划和宅基地需求预测十年计划表的村庄,可适当简化审批手续。使用村内原有建设用地的,由村申报、乡(镇)审核,批次报县(市)批准后,由乡(镇)国土资源所逐宗落实到户;占用农用地的,县(市)人民政府于每年年初一次性向省、自治区、直辖市人民政府或省级人民政府授权的设区的市、自治州申请办理农用地转用审批手续,经依法批准后,由乡(镇)国土资源所逐宗落实到户,落实情况按年度向省(区、市)国土资源管理部门备案。

宅基地审批应坚持实施"三到场"。接到宅基地用地申请后,乡(镇)国土资源所或县(市)国土资源管理部门要组织人员到实地审查申请人是否符合条件、拟用地是否符合规划和地类等。宅基地经依法批准后,要到实地丈量批放宅基地,明确建设时间并受理农民宅基地登记申请。村民住宅建成后,要到实地检查是否按照批准的面积和要求使用土地,符合规定的方可办理土地登记,发放集体建设用地使用权证。

(七)依法维护农民宅基地的取得权。农民申请宅基地的,乡(镇)、村应及时进行受理审查,对符合申请条件,且经公示无异议的,应及时按程序上报。县(市)人民政府对符合宅基地申请条件的,必须在规定时间内批准,不得拖延和拒绝。各地县(市)人民政府要建立健全农民宅基地申报、审批操作规范,并根据本地区季节性特点和农民住宅建设实际,明确宅基地申请条件和各环节办理时限要求,向社会公开,接受社会监督,切实维护农民依法取得宅基地的正当权益。

(八)加强农村宅基地确权登记发证和档案管理工作。各地要按照相关规定,依法加快宅基地确权登记发证,妥善处理宅基地争议。要摸清宅基地底数,掌握宅基地使用现状,并登记造册,建立健全宅基地档案及管理制度,做到变更一宗,登记一宗。要积极建立农村宅基地动态管理信息系统,实现宅基地申请、审批、利用、查处信息上下连通、动态管理、公开查询。

三、探索宅基地管理的新机制,落实最严格的节约用地制度

(九)严控总量盘活存量。要在保障农民住房建设用地基础上,严格控制农村居民点用地总量,统筹安排各类建设用地。农民新建住宅应优先利用村内空闲地、闲置宅基地和未利用地,凡村内有空闲宅基地未利用的,不得批准新增建设用地。鼓励通过改造原有住宅,解决新增住房用地。各地要根据地方实际情况制定节约挖潜、盘活利用的具体政策措施。

(十)逐步引导农民居住适度集中。有条件的地方可根据土地利用规划、城乡一体化的城镇建设发展规划,结合新农村建设,本着量力而行、方便生产、改善生活的原则,因地制宜、按规划、有步骤的推进农村居民点撤并整合和小城镇、中心村建设,引导农民居住建房逐步向规划的居民点自愿、量力、有序的集中。对因撤并需新建或改扩建的小城镇和中心村,要加大用地计划、资金的支

持。对近期规划撤并的村庄，不再批准新建、改建和扩建住宅，应向规划的居民点集中。

（十一）因地制宜地推进"空心村"治理和旧村改造。各地要结合新农村建设，本着提高村庄建设用地利用效率、改善农民生产生活条件和维护农民合法权益的原则，指导有条件的地方积极稳妥地开展"空心村"治理和旧村改造，完善基础设施和公共设施。对治理改造中涉及宅基地重划的，要按照新的规划，统一宅基地面积标准。对村庄内现有各类建设用地进行调整置换的，应对土地、房屋价格进行评估，在现状建设用地边界范围内进行；在留足村民必需的居住用地（宅基地）前提下，其他土地可依法用于发展二、三产业，但不得用于商品住宅开发。

四、加强监管，建立宅基地使用和管理新秩序

（十二）建立宅基地管理动态巡查和责任追究制度。县（市）、乡（镇）国土资源管理部门要建立健全农村宅基地管理动态巡查制度，切实做到对宅基地违法违规行为早发现、早制止、早报告、早查处。县市国土资源执法监察机构和乡镇国土资源所是农村宅基地动态巡查工作的实施主体，对动态巡查负直接责任。建立动态巡查责任追究制度，对巡查工作不到位、报告不及时、制止不得力的要追究有关责任人的责任。

（十三）建立共同责任机制。市县、乡镇国土资源管理部门应当与市、县有关部门、乡镇政府、村自治组织建立依法管理宅基地的共同责任机制，建立农村宅基地监督管理制度，落实工作责任，形成执法监管合力，共同遏制违法占地建住宅的行为。

（十四）依法查处乱占行为。各地要认真负责依法查处宅基地使用中的违法行为。对未经申请和批准或违反规划计划管理占用土地建住宅的，应当限期拆除、退还土地并恢复原状。对超过当地规定面积标准的宅基地，经依法处置后，按照《关于进一步加快宅基

地使用权登记发证工作的通知》（国土资发〔2008〕146号）要求予以登记的，村集体组织可对确认超占的面积实施有偿使用。对一户违法占有两处宅基地的，核实后应收回一处。

（十五）加强指导，不断研究解决新情况新问题。各地务必从实际出发，切实加强对宅基地管理工作的指导，抓紧落实通知要求的各项措施，尽快研究制定符合本地实际的具体政策规定。同时要深入调研宅基地管理中的倾向性、苗头性的问题，主动采取措施解决，并及时上报，确保各项政策措施的落实。各派驻地方的国家土地督察局要加强对督察区域内农民宅基地审批与管理情况的监督，确保农民合法居住权益得到保障。

二〇一〇年三月二日

国土资源部关于进一步加快宅基地和集体建设用地确权登记发证有关问题的通知

国土资发〔2016〕191号

各省、自治区、直辖市国土资源主管部门，新疆生产建设兵团国土资源局：

《国土资源部 财政部 住房和城乡建设部 农业部 国家林业局关于进一步加快推进宅基地和集体建设用地使用权确权登记发证工作的通知》（国土资发〔2014〕101号）印发以来，各地采取切实措施，大力推进农村宅基地和集体建设用地确权登记发证工作，取得了积极进展。但同时也遇到了一些问题，比如有的地方农村地籍调查工作基础薄弱，难以有效支撑和保障农村房地一体的不动产登记；有的地方只开展宅基地、集体建设用地调查，没有调查房屋及其他定着物；个别地方不动产统一登记发证后，仍然颁发老证；一些地方宅基地"一户多宅"、超占面积等问题比较严重，且时间跨度大，权源资料不全等，影响了不动产登记工作的整体进度。尤其是农村土地制度改革试点地区土地确权登记发证迟缓，直接影响了试点工作的顺利推进。为进一步加快农村宅基地和集体建设用地确权登记发证工作，有效支撑农村土地制度改革，现就有关问题通知如下：

一、颁发统一的不动产权证书。目前全国所有的市、县均已完成不动产统一登记职责机构整合，除西藏的部分市、县外，都已实现不动产登记"发新停旧"。农村宅基地和集体建设用地使用权以及房屋所有权是不动产统一登记的重要内容，各地要按照《不动产登记暂行条例》《不动产登记暂行条例实施细则》《不动产登记操作规范（试行）》等法规政策规定，颁发统一的不动产权证书。涉及设立抵押权、地役权或者办理预告登记、异议登记的，依法颁发不动产登记证明。

二、因地制宜开展房地一体的权籍调查。各地要开展房地一体的农村权籍调查，将农房等宅基地、集体建设用地上的定着物纳入工作范围。对于已完成农村地籍调查的宅基地、集体建设用地，应进一步核实完善地籍调查成果，补充开展房屋调查，形成满足登记要求的权籍调查成果。对于尚未开展农村地籍调查的宅基地、集体建设用地，应采用总调查的模式，由县级以上地方人民政府统一组织开展房地一体的权籍调查。农村权籍调查不得收费，不得增加农民负担。

农村权籍调查中的房屋调查要执行《农村地籍和房屋调查技术方案（试行）》有关要求。条件不具备的，可采用简便易行的调查方法，通过描述方式调查记录房屋的权利人、建筑结构、层数等内容，实地指界并丈量房屋边长，简易计算房屋占地面积，形成满足登记要求的权籍调查成果。对于新型农村社区或多（高）层多户的，可通过实地丈量房屋边长和核实已有户型图等方式，计算房屋占地面积和建筑面积。

三、规范编制不动产单元代码。宅基地、集体建设用地和房屋等定着物应一并划定不动产单元，编制不动产单元代码。对于已完成宗地统一代码编制的，应以宗地为基础，补充房屋等定着物信息，形成不动产单元代码。对于未开展宗地统一代码编制或宗地统一代码不完备的，可在地籍区（子区）划分成果基础上，充分利用已有的影像图、地形图等数据资料，通过坐落、界址点坐标等信息预判宗地或房屋位置，补充开展权籍调查等方式，编制形成唯一的不动产单元代码。

四、公示权属调查结果。县级以上地方人民政府统一组织的宅基地、集体建设用地和房屋首次登记，权属调查成果要在本集体经济组织范围内公示。开展农村房地一体权籍调查时，不动产登记机构（国土资源主管部门）应将宅基地、集体建设用地和房屋的权属调查结果送达农村集体经济组织，并要求在村民会议或村民代表会议上说明，同时以张贴公告等形式公示权属调查结果。对于外出务工人员较多的地区，可通过电话、微信等方式将权属调查结果告知权利人及利害关系人。

五、结合实际依法处理"一户多宅"问题。宅基地使用权应按照"一户一宅"要求，原则上确权登记到"户"。符合当地分户建房条件未分户，但未经批准另行建房分开居住的，其新建房屋占用的宅基地符合相关规划，经本农民集体同意并公告无异议的，可按规定补办有关用地手续后，依法予以确权登记；未分开居住的，其实际使用的宅基地没有超过分户后建房用地合计面积标准的，依法按照实际使用面积予以确权登记。

六、分阶段依法处理宅基地超面积问题。农民集体成员经过批准建房占用宅基地的，按照批准面积予以确权登记。未履行批准手续建房占用宅基地的，按以下规定处理：1982年《村镇建房用地管理条例》实施前，农民集体成员建房占用的宅基地，范围在《村镇建房用地管理条例》实施后至今未扩大的，无论是否超过其后当地规定面积标准，均按实际使用面积予以确权登记。1982年《村镇建房用地管理条例》实施起至1987年《土地管理法》实施时止，农民集体成员建房占用的宅基地，超过当地规定面积标准的，超过面积按国家和地方有关规定处理的结果予以确权登记。1987年《土地管理法》实施后，农民集体成员建房占用的宅基地，符合规划但超过当地面积标准的，在补办相关用地手续后，依法对标准面积予以确权登记，超占面积在登记簿和权属证书附记栏中注明。

历史上接受转让、赠与房屋占用的宅基地超过当地规定面积标准的，按照转让、赠与行为发生时对宅基地超面积标准的政策规定，予以确权登记。

七、依法确定非本农民集体成员合法取得的宅基地使用权。非本农民集体成员因扶贫搬迁、地质灾害防治、新农村建设、移民安置等按照政府统一规划和批准使用宅基地的，在退出原宅基地并注销登记后，依法确定新建房屋占用的宅基地使用权。

1982年《村镇建房用地管理条例》实施前，非农业户口居民（含华侨）合法取得的宅基地或因合法取得房屋而占用的宅基地，范围在《村镇建房用地管理条例》实施后至今未扩大的，可按实际使用面积予以确权登记。1982年《村镇建房用地管理条例》实施起至1999年《土地管理法》修订实施时止，非农业户口居民（含华侨）合法取得的宅基地或因合法取得房屋而占用的宅基地，按照批准面积予以确权登记，超过批准的面积在登记簿和权属证书附记栏中注明。

八、依法维护农村妇女和进城落户农民的宅基地权益。农村妇女作为家庭成员，其宅基地权益应记载到不动产登记簿及权属证书上。农村妇女因婚嫁离开原农民集体，取得新家庭宅基地使用权的，应依法予以确权登记，同时注销其原宅基地使用权。

农民进城落户后，其原合法取得的宅基地使用权应予以确权登记。

九、分阶段依法确定集体建设用地使用权。1987年《土地管理法》实施前，使用集体土地兴办乡（镇）村公益事业和公共设施，经所在乡（镇）人民政府审核后，可依法确定使用单位集体建设用地使用权。乡镇企业用地和其他经依法批准用于非住宅建设的集体土地，至今仍继续使用的，经所在农民集体同意，报乡（镇）人民政府审核后，依法确定使用单位集体建设用地使用权。1987年

《土地管理法》实施后,乡(镇)村公益事业和公共设施用地、乡镇企业用地和其他经依法批准用于非住宅建设的集体土地,应当依据县级以上人民政府批准文件,确定使用单位集体建设用地使用权。

十、规范没有土地权属来源材料的宅基地、集体建设用地确权登记程序。对于没有权属来源材料的宅基地,应当查明土地历史使用情况和现状,由所在农民集体或村委会对宅基地使用权人、面积、四至范围等进行确认后,公告30天无异议,并出具证明,经乡(镇)人民政府审核,报县级人民政府审定,属于合法使用的,予以确权登记。

对于没有权属来源材料的集体建设用地,应当查明土地历史使用情况和现状,认定属于合法使用的,经所在农民集体同意,并公告30天无异议,经乡(镇)人民政府审核,报县级人民政府批准,予以确权登记。

中华人民共和国城镇土地使用税暂行条例

中华人民共和国城镇土地使用税暂行条例

中华人民共和国国务院令

第483号

《国务院关于修改〈中华人民共和国城镇土地使用税暂行条例〉的决定》已经2006年12月30日国务院第163次常务会议通过，现予公布，自2007年1月1日起施行。

总理　温家宝

二〇〇六年十二月三十一日

（1988年9月27日中华人民共和国国务院令第17号发布；根据2006年12月31日《国务院关于修改〈中华人民共和国城镇土地使用税暂行条例〉的决定》第一次修

订；根据2011年1月8日《国务院关于废止和修改部分行政法规的决定》第二次修订；根据2013年12月7日《国务院关于修改部分行政法规的决定》第三次修订)

第一条 为了合理利用城镇土地，调节土地级差收入，提高土地使用效益，加强土地管理，制定本条例。

第二条 在城市、县城、建制镇、工矿区范围内使用土地的单位和个人，为城镇土地使用税（以下简称土地使用税）的纳税人，应当依照本条例的规定缴纳土地使用税。

前款所称单位，包括国有企业、集体企业、私营企业、股份制企业、外商投资企业、外国企业以及其他企业和事业单位、社会团体、国家机关、军队以及其他单位；所称个人，包括个体工商户以及其他个人。

第三条 土地使用税以纳税人实际占用的土地面积为计税依据，依照规定税额计算征收。

前款土地占用面积的组织测量工作，由省、自治区、直辖市人民政府根据实际情况确定。

第四条 土地使用税每平方米年税额如下：

（一）大城市1.5元至30元；

（二）中等城市1.2元至24元；

（三）小城市0.9元至18元；

（四）县城、建制镇、工矿区0.6元至12元。

第五条 省、自治区、直辖市人民政府，应当在本条例第四条规定的税额幅度内，根据市政建设状况、经济繁荣程度等条件，确定所辖地区的适用税额幅度。

市、县人民政府应当根据实际情况，将本地区土地划分为若干等级，在省、自治区、直辖市人民政府确定的税额幅度内，制定相应的适用税额标准，报省、自治区、直辖市人民政府批准执行。

经省、自治区、直辖市人民政府批准，经济落后地区土地使用税的适用税额标准可以适当降低，但降低额不得超过本条例第四条规定最低税额的30%。经济发达地区土地使用税的适用税额标准可以适当提高，但须报经财政部批准。

第六条 下列土地免缴土地使用税：

（一）国家机关、人民团体、军队自用的土地；

（二）由国家财政部门拨付事业经费的单位自用的土地；

（三）宗教寺庙、公园、名胜古迹自用的土地；

（四）市政街道、广场、绿化地带等公共用地；

（五）直接用于农、林、牧、渔业的生产用地；

（六）经批准开山填海整治的土地和改造的废弃土地，从使用的月份起免缴土地使用税5年至10年；

（七）由财政部另行规定免税的能源、交通、水利设施用地和其他用地。

第七条 除本条例第六条规定外，纳税人缴纳土地使用税确有困难需要定期减免的，由县以上地方税务机关批准。

第八条 土地使用税按年计算、分期缴纳。缴纳期限由省、自治区、直辖市人民政府确定。

第九条 新征收的土地，依照下列规定缴纳土地使用税：

（一）征收的耕地，自批准征收之日起满1年时开始缴纳土地使用税；

（二）征收的非耕地，自批准征收次月起缴纳土地使用税。

第十条 土地使用税由土地所在地的税务机关征收。土地管理机关应当向土地所在地的税务机关提供土地使用权属资料。

第十一条 土地使用税的征收管理,依照《中华人民共和国税收征收管理法》及本条例的规定执行。

第十二条 土地使用税收入纳入财政预算管理。

第十三条 本条例的实施办法由省、自治区、直辖市人民政府制定。

第十四条 本条例自 1988 年 11 月 1 日起施行,各地制定的土地使用费办法同时停止执行。